Knaur
MensSana

Über den Autor:
Thomas Schäfer wurde 1960 in Wittlich bei Trier geboren. Er studierte
Soziologie und Politikwissenschaft und legte 1985 seinen Magister
Artium an der Universität Heidelberg ab. Seit 1993 ist er als Heilprakti-
ker mit Schwerpunkt Psychotherapie in Heidelberg tätig. Zahlreiche
Aus- und Weiterbildungen in psychotherapeutischen Methoden. Ver-
öffentlichung mehrerer Bücher, u. a. über Familienaufstellungen nach
Bert Hellinger, Hildegard von Bingen und Märchen.

Bei Fragen wenden Sie sich bitte an:
Thomas Schäfer, Ortsstraße 18, 69469 Weinheim
Tel.: 0 62 01/20 44 und 0 62 21/76 83 80

Internet: www.FamilienaufstellungenThoSchaefer.de
E-Mail: tho.schaefer@t-online.de
Allgemeine Informationen: www.bert-hellinger.de

Thomas Schäfer

Wenn Dornröschen
nicht mehr aufwacht

Bekannte Märchen aus Sicht von
Bert Hellingers Familienaufstellungen

Knaur
MensSana

Besuchen Sie uns im Internet:
www.droemer-weltbild.de

Inhalt

Dank

In erster Linie gilt mein Dank den zahlreichen Menschen, die zu mir kamen und die es mir mit ihren Anliegen erst ermöglichten, den Zusammenhang zwischen Märchen, Lebens- und Familiengeschichte besser zu verstehen. Zum Schutz all dieser Menschen und auch der Teilnehmer früherer Märchenseminare wurden Namen, Orte und unwesentliche Details verändert.

Meiner Frau Elisabeth und Wolfgang Kasper danke ich für die kritische Durchsicht des Manuskripts und die vielen fachlichen Hinweise.

Noch bevor eine Zeile geschrieben war, gab mir Norbert Linz einige allgemeine und auch gliederungstechnische Hinweise, für die ich ihm sehr dankbar bin. Ohne ihn hätte dieses Buch ein anderes Gesicht erhalten.

Mein Dank gilt auch Bert Hellinger. Ihm gebührt das Verdienst, in den Grimm'schen Märchen und anderen Geschichten systemisch bedingte Lebensskripte entdeckt zu haben. Ohne seine Arbeit und seine Erkenntnisse wäre dieses Buch nie möglich geworden.

Vorwort

Märchen bilden das Leben in Bildern ab. Goldene
Kugeln, böse Wölfe und listige Zwerge laden dazu
ein, sich über die Urbilder der Märchen Gedanken zu
machen. Dieser Weg über die Symbolik war bislang in
fast allen einschlägigen Veröffentlichungen der Kö-
nigsweg ins Märchenreich. Insbesondere die psycho-
analytische Literatur bietet umfangreiche Analysen[1]
über Märchen an. Vor allem die Jung'sche Psychologie
mit ihrem Ansatz der »Archetypen« scheint geeig-
net, die verzweigten mythologischen Bezüge dieser
Literaturgattung aufzuzeigen. Und in den gängi-
gen Büchern werden Fallgeschichten mit der Grund-
struktur bestimmter Märchen in Verbindung gebracht.

Diese Vorgehensweise hat sicherlich ihren Wert, doch
es wird dabei etwas für die Praxis Wichtiges außer
Acht gelassen: In der Regel haben die Rat Suchenden
das betreffende Märchen nicht selbst in die Therapie
eingebracht. Oft war es für den Betroffenen in keiner
Weise prägend gewesen. Es handelt sich weder um ein
Märchen, das er als sein Lieblingsmärchen bezeichnen

[1] Siehe zum Beispiel die Bücher von Eugen Drewermann, Verena Kast,
Marie-Louise von Franz, Bruno Bettelheim u. a. Auch ich habe Märchen früher psychoanalytisch gesehen: Thomas Schäfer, *Mein aller-
liebstes Haselnüsschen, ich muss dich knacken – Mann und Frau im
Märchen*, Freiburg 1992.

würde, noch hat er es gehasst oder war in anderer Weise tief beeindruckt gewesen. Mit anderen Worten: Der Therapeut stellt nur einen allgemeinen Bezug zwischen dem menschlichen Leben und dem Märchen dar. Der empirische Bezug bei dieser Form von Märchenanalyse wird nicht berücksichtigt.

Das Problem in der traditionellen Sichtweise von Märchen besteht darin, dass man nach bestehenden Vorstellungen und Konzepten ein Märchen in eine bestimmte Perspektive bringt, statt sich an der Realität zu orientieren: Was findet man in der Lebensgeschichte von Menschen, die in ihrer Kindheit genau von diesem Märchen beeinflusst waren? Es muss sich dabei keineswegs um ein geliebtes Märchen handeln. So sagte zum Beispiel eine Frau, dass sie den »Froschkönig« überhaupt nicht mochte, doch es habe sie tief beeindruckt und nicht mehr losgelassen – gegen ihren Willen. Es kann sogar vorkommen, dass jemand ein Märchen »gehasst« hat. Die Chance, dass es sich als bedeutsam erweist, ist sehr groß.

Es ist das Verdienst des Psychotherapeuten Bert Hellinger, als Erster eine systemische Betrachtungsweise der Märchen entdeckt zu haben. Mit der von ihm weiterentwickelten Skriptanalyse Eric Bernes und den von ihm später praktizierten Familienaufstellungen wurde deutlich, dass Märchen oft mit familiären Skripten verknüpft sind. (Ein Skript ist ein »verborgener familiärer Lebensauftrag«, der mit achtender und wissender Liebe, wie sie durch Aufstellungen sichtbar wird, verändert werden kann.)

Um Bert Hellingers Weg zu einer neuen Sicht von Märchen zu verdeutlichen, muss kurz auf seine Entwicklung als Psychotherapeut eingegangen werden. Nachdem er Erfahrungen in Gruppendynamik-Trainings gesammelt hatte, kam er über die Gestalttherapie und Janovs Urschreitherapie zur Transaktionsanalyse. Ein Schlüsselerlebnis für die Entwicklung seiner späteren Form der Familienaufstellungen war die Auseinandersetzung mit Eric Bernes Buch *Was sagst du, wenn du guten Tag gesagt hast?*. In Bernes Arbeit geht es vor allem um die Suche nach den Skriptgeschichten eines Menschen. Dieses Muster kann man herausfinden, wenn man nach der bevorzugten Geschichte oder dem favorisierten Roman, Film, Comic, Märchen oder Mythos fragt, der ihn einmal in der frühesten Kindheit beeindruckt hat, und einer zweiten Geschichte, die ihn heute beschäftigt. Wenn man diese beiden Geschichten vergleicht, findet man häufig gemeinsame Elemente, die auf einen versteckten Lebensplan hinweisen. Nach Eric Berne haben diese Skriptgeschichten ihre Wurzeln in den verbalen und nonverbalen Botschaften, die Eltern ihren Kindern geben.

Hellinger jedoch fand bald heraus, dass man nur einen kleineren Teil der Skriptgeschichten mit den Botschaften der Eltern in Verbindung bringen kann. Skripte gehen zurück auf frühe Erlebnisse, die oft unabhängig sind von dem, wie die Eltern uns geprägt haben; es sind einschneidende Ereignisse, die im Familiensystem geschahen, zum Beispiel der Selbstmord eines Bruders der Mutter, der tabuisiert worden ist. Hellinger fügte somit der Berne'schen Sichtweise eine »Mehrgenerationenperspektive« hinzu. Nach längerer Beschäftigung mit dieser Arbeit fand er heraus, wie es im Familiensystem zur Identifizierung mit früheren Ereignissen und Schicksalen kommt. Seiner Ansicht nach sind weit mehr als die Hälfte aller Probleme, mit denen Menschen in die Psychotherapie kommen, nicht entwicklungspsychologisch, sondern systemisch bedingt. Viele Probleme gehen somit nicht zurück auf eigenes Erleben, sondern auf die Wiederholung von »fremdem« Schicksal in der Familie.

An dem bekannten Märchen »Hans im Glück« lässt sich der Unterschied zwischen »empirischer« Vorgehensweise und traditioneller Märchensicht gut verdeutlichen. Bert Hellinger hat herausgefunden, dass bei Menschen, die »Hans im Glück« als ihr wichtigstes Märchen aus der Kindheit bezeichnen, der Vater oder ein Großvater oft sein Vermögen verloren hat. Die Lösung besteht dann darin, den Opa innerlich zu bitten: »Bitte segne mich, wenn ich es behalte.« Ganz anders wird das Märchen von tiefenpsychologisch arbeitenden Autoren gesehen: Man sieht in Hans ein Vorbild, weil er so viel einfache Weisheit besitzt, dass er mit immer weniger Materiellem auskommt. Wie wir später sehen werden, ist »Hans im Glück« zusätzlich ein

»Männermärchen«, bei dem auch eigenes biographisches Erleben mitberücksichtigt werden muss.

Unerwartet ist ebenso die Sichtweise des Märchens »Der Wolf und die sieben jungen Geißlein«. Untersucht man die Fallgeschichten, kommt man zu dem Schluss, dass hier die Mutter zu den Kindern sagt: »Hütet euch vor dem bösen Papa!« Der Vater ist in solchen Familien ausgeklammert.

Ein Seminarteilnehmer war schon immer von Othello begeistert. Doch Othellos Geschichte kann man als kleines Kind noch nicht erlebt haben, und so fragte Hellinger den Betreffenden: »Welcher Mann aus deiner Familie hat aus Eifersucht jemanden umgebracht?« Es war der Großvater gewesen. Nachdem seine Frau ihm untreu gewesen war, hatte er ihren Liebhaber erschossen. Seit dieser Zeit stellt sich Hellinger bei Skriptgeschichten immer die Frage, ob sie sich entweder auf persönliche Erlebnisse beziehen oder auf Erlebnisse anderer Familienangehöriger.

Alle in diesem Buch erwähnten Fallgeschichten beziehen sich auf Personen, die tatsächlich das besprochene als ihr wichtigstes Märchen aus der Kindheit bezeichnet haben. Mir ging es hier um den empirischen Bezug: Welche familiensystemischen und lebensgeschichtlichen Hintergründe kann man bei bestimmten Märchen antreffen? Mit dieser Fragestellung empfand ich es als unproblematisch, Grimms Volksmärchen und Andersens Kunstmärchen in einem Band zusammenzuführen. Sogar eine Geschichte von Theodor Storm, die besonders im norddeutschen Raum bekannt ist, »Der kleine Häwelmann«, habe ich aufgenommen. Eine solche Vorgehensweise muss jedem Germanisten ein Gräuel sein. Aus psychotherapeutischer Sicht ist sie jedoch vertretbar.

Da die Grimm'schen Märchen in fast jedem Bücher-regal stehen, habe ich auf die vollständige Wiedergabe der Texte verzichtet und mich stattdessen jeweils für eine Zusammenfassung entschieden. Eine Ausnahme bildet wegen seiner Kürze »Das Totenhemdchen«. Als Zitate gekennzeichnete Textstellen in diesen Zusammenfassungen stammen aus dem Original-Märchentext. Auch die literarischen Märchen von Andersen und Storm wurden für dieses Buch zusam-mengefasst.

Manche Märchendarstellungen dieses Bandes sind länger als andere. Der Grund liegt darin, dass einige nicht nur eine wichtige Dynamik aufweisen, wie es die Regel ist, sondern zwei oder in seltenen Fällen sogar drei, die anhand der Lebensgeschichten von Rat Suchenden erläutert werden. Dies gilt zum Beispiel für »Rumpelstilzchen«, »Aschenputtel« und »Der Frosch-könig oder Der eiserne Heinrich«.

Alle Märchen wurden bestimmten Themen zugeord-net, wobei man Märchen, die verschiedene Dynamiken aufzeigen, auch anders hätte zuordnen können. Bei-spielsweise gehört das »Aschenputtel« nicht nur in die Kategorie »Fehlende Eltern«, sondern auch in das

Kapitel »Mann und Frau«, weil hier die Rivalität von Frauen um einen Mann beschrieben wird.

Ein traumatisches Erlebnis wird im Zusammenhang mit dem Märchen »Der Eisenhans« geschildert. Nicht zufällig steht dieses Märchen am Schluss des Bandes. Denn die Geschichte von Jonathan (siehe das Kapitel »Ein traumatisches Erlebnis«) zeigt, welche Haltung zu Leben und Tod Heilung bringt.

Wichtig ist auch der Hinweis, dass sich dieses Buch ausschließlich aus psychotherapeutischem Blickwinkel mit Märchen beschäftigt. Jenseits dieser Anwendung sind die kreativen Möglichkeiten mit Märchen fast unbegrenzt: Man kann sie als wertvolles Kulturgut durch Theater, aber auch für Kinder als Puppentheater beleben. Sie können vorgelesen werden, Märchenfiguren oder bestimmte Szenen lassen sich malen, und anschließend kann man in der Gruppe darüber reden; psychotherapeutisch lässt sich auch in der Imagination ein intensiver Zugang zu Märchen finden.

In früheren Seminaren habe ich oft Märchen bis zu einer bestimmten spannenden Szene erzählt, und jeder Teilnehmer musste den Schluss selbst erfinden und ihn dann vor der Gruppe erzählen. Dabei zeigte sich die enge Verzahnung der eigenen Lebens- und Familiengeschichte mit dem jeweils erdichteten Ende.

Märchen bieten für die Psyche ideale Projektionsflächen. Genau aus diesem Grund ist es nachvollziehbar, warum Kinder sich von bestimmten Märchen gefangen nehmen lassen und von anderen nicht. Sie spüren, dass genau das sie interessierende Märchen in Bildern Inhalte aus dem biographischen Erleben oder Familiengeschichtliches wiedergibt. Meist ist Letzteres der Fall. Die Bilder eines Märchens sind wie unsichtbare Keime eines Planes, der dem Menschen unbewusst ist und der sich dennoch im Laufe des Lebens auf oft problematische Weise verwirklicht. Im Kontakt mit den Märchen können sich diese Lebenspläne enthüllen und in Verbindung mit Familienaufstellungen Lösungen finden lassen.

Schließlich möchte ich noch darauf hinweisen, dass diese Veröffentlichung aus der therapeutischen Arbeit mit Menschen schöpft. Sie verdankt sehr viel der von Bert Hellinger entwickelten Methode der Familienaufstellungen, doch das hier Vertretene steht in meiner Verantwortung.

Damit sich Leser, die bislang noch keinen Kontakt zu den Familienaufstellungen hatten, ein Bild von dieser Methode machen können, folgt als Erstes eine kurze Einführung in diese Arbeit.

Einführung in die Familienaufstellungen

Selten wurde eine psychotherapeutische Vorgehensweise in solch kurzer Zeit von einer so großen Zahl Therapeuten als Methode anerkannt und in die eigene Arbeit integriert wie die Familienaufstellungen nach Bert Hellinger. Zu vielen Feldern menschlichen Lebens macht diese Therapie hilfreiche Aussagen: Partnerschaft, Erziehungsfragen, sexueller Missbrauch, Adoption, körperliche und seelische Störungen, berufliche Fragen und viele andere mehr.

Wer sich jedoch unbedarft dieser neuen Form von Therapie annähert, stößt auf Begriffe, die dem zeitgenössischen Denken zu widersprechen scheinen: Demut, Schuld, Gewissen, Ordnung, Bindung und das Ehren der Eltern. Es erstaunt nicht, dass Kritiker Hellinger ein antiquiertes und rückschrittliches Weltbild vorwerfen. Doch dem hält er entgegen, dass alle seine Gedanken das Ergebnis der Familienaufstellungen sind und somit nicht theoretischer Überlegung entstammen. Bert Hellinger fühlt sich einem auf die Wirklichkeit bezogenen Vorgehen verpflichtet und weniger der Theoriebildung. Durch die von ihm entwickelte Form des Familien-Stellens hat er einige zentrale Zusammenhänge zwischen den Problemen eines Menschen und seiner Familie herausgefunden.

Bindung und Ordnung

Jeder Mensch ist in einer primären Form von Liebe auf tiefste Weise mit seinen Eltern und Geschwistern, aber auch mit allen anderen Mitgliedern seines Familiensystems verbunden: Durch unser Gewissen sind wir gebunden an die Gruppe von Menschen, in die wir hineingeboren wurden. Diese Aussage mag manchem befremdlich erscheinen. Doch wenn wir das Band, das uns mit den Familienmitgliedern verbindet, nicht oder nur selten spüren, bedeutet dies keinesfalls, dass es nicht existiert. Selbst zu Menschen, deren Existenz uns völlig unbekannt ist, kann eine tiefe Bindung bestehen. Ein Beispiel: In einer Aufstellung ging es um zwei Großonkel eines Mannes, von denen ihm erst kürzlich erzählt worden war. Der eine war »aus politischen Gründen« lebendigen Leibes verbrannt worden, und den anderen hatte man aus dem gleichen Grund in einen Brunnen geworfen, wo er verdurstete. Die intensive Bindung der Spätergeborenen an diese tabuisierten Familienmitglieder war unübersehbar. Alle schauten wie gebannt nur auf die Toten, alles andere war belanglos. Es ist also wichtig, sich klar darüber zu werden, dass die Bindung an Familienmitglieder nicht immer bewusst sein muss.

Durch eine unbewusste Loyalität mit der Herkunftsfamilie nehmen wir Schuld und Unschuld von Frühergeborenen auf uns. So entsteht stellvertretendes Leid, auch Krankheit dadurch, dass man den tiefen Wunsch in sich trägt, das Leid eines früheren Familienmitglieds nachzuahmen. Dieses Bedürfnis hängt damit zusammen, dass es ein unbewusstes Familiengewissen gibt. Die Lösung wird möglich durch die liebende Achtung jener Familienmitglieder, die ein schweres Los hatten.

Durch die Bindung an einen Partner entsteht dann später ein zweites Familiensystem: die gegenwärtige Familie mit Mann, Frau und Kindern. Sowohl hier als auch in der Herkunftsfamilie gibt es eine natürliche Ordnung, deren Kenntnis für alle Beteiligten segensreich ist.

Das Wort »Ordnung« mag bei vielen unangenehme Erinnerungen wecken. Bei den Familienaufstellungen handelt es sich bei diesem Begriff aber nicht um eine Überbetonung von zweifelhaften Tugenden, sondern »Ordnung« bezieht sich insbesondere auf die Rangfolge der Familienmitglieder. Unabhängig davon, ob wir die Ordnung kennen oder nicht, ist sie vorhanden und wirkt. In der Familie ist die Ordnung begründet durch die Zeit, dadurch, ob jemand früher oder später dazukam. Auf diese Weise haben Eltern Vorrang vor den Kindern, und ältere Geschwister haben mehr Rechte als jüngere. Zur Ordnung gehört auch, dass tatsächlich dazugehören darf, wem dies zukommt, zum Beispiel einem totgeschwiegenen unehelichen Geschwister.

Die richtige Ordnung ist nicht beliebig veränderbar,

sondern sie ist als Tatsache vorhanden und kann im Familien-Stellen erfahren werden. Auch Stellvertreter, die zum ersten Mal an einer Familienkonstellation mitwirken, können diese Ordnung klar und deutlich abbilden. Wenn man sich in der eigenen Familie der Ordnung fügt, stellt sich ein Gefühl der Erleichterung ein.

Anders als Eltern und Kinder sind in der Paarbeziehung Mann und Frau gleichberechtigt. Zur Ordnung gehört hier, dass ein früherer Partner Vorrang vor einem späteren hat. Wenn der frühere Partner nicht gewürdigt wird, hat dies auf die spätere Partnerschaft und den daraus entstandenen Kindern Auswirkungen. Wie wir noch genauer sehen werden, ist dies das Thema von »Dornröschen«.

Die Familienaufstellungen

Bert Hellinger entwickelte seine eigene Form von Familienaufstellungen in Gruppen. Nachdem kurz das Problem geschildert worden ist, wählt man nacheinander sowohl für sich als auch für die Familienmitglieder Stellvertreter aus der Gruppe und stellt sie nach seinem inneren Bild im Raum auf. Danach setzt man sich wieder auf seinen Stuhl.

Anschließend lässt sich erleben, wie völlig fremde

Menschen genau darstellen können, wie die Familienmitglieder sich fühlen. Was sich nun häufig offenbart, ist die bislang verborgene seelische Dynamik hinter dem benannten Problem, zum Beispiel einem psychosomatischen Leiden. Nachdem der Therapeut durch verschiedene Schritte eine Lösung gefunden hat, bei der sich alle Familienmitglieder gut fühlen, kann der Betreffende sich zumeist auch selbst an seine Position stellen. Oft ist es am Schluss notwendig, bestimmten Personen, zum Beispiel den Eltern oder einem Onkel, noch Wichtiges zu sagen.

Es ist erstaunlich, dass sich fremde Menschen so gut in eine Person einfühlen können, von der sie nichts wissen. Bei einem Seminar stellte eine Frau, Marina, ihren Mann und ihre drei Kinder auf. Das erstgeborene Kind, ein Junge, behandelte den Vater nicht wie einen Vater, sondern wie einen völlig Fremden. Auf meine Frage, ob denn ein anderer Mann als Vater infrage kommen könnte, sagte Marina: »Theoretisch könnte das der Fall sein, denn ich bin damals fremdgegangen. Praktisch ist das jedoch ganz unmöglich. Ich bin ganz sicher, dass mein Mann der Vater des Kindes ist.« Probeweise kam nun der Liebhaber in die Aufstellung herein. Sofort veränderte sich das Familienbild: Der Stellvertreter des Kindes erwachte nun aus seiner Lethargie und sagte: »Endlich! Wenn ich ihn anschaue, geht es mir gut.« Der Stellvertreter des Liebhabers meinte, er fühle eine Wärme zu dem Kind, und der Ehemann gab zu, dass der Liebhaber zu Recht einen

Platz hier habe. Auch die Stellvertreterin Marinas war erleichtert, dass der Liebhaber in die Aufstellung gekommen war.

An dieser Stelle brach ich die Aufstellung ab und riet der Frau dringend, einen Vaterschaftstest durchführen zu lassen. Es wäre fatal, mit Spekulationen zu arbeiten. Man kann sich in einem solchen Fall nicht einfach auf die Rückmeldung der Stellvertreter verlassen. Zunächst muss der Frau Gelegenheit zur Klärung gegeben werden. Erst wenn alles auf dem Tisch liegt, kann man weiterarbeiten. Marina war sich ganz sicher, dass der medizinische Test dem Ergebnis der Aufstellung widersprechen würde. Nach einigen Wochen rief sie mich an: Der Liebhaber war tatsächlich der Vater des Kindes. Daran anschließend, konnte später ein gutes Lösungsbild für alle Beteiligten entwickelt werden.[2]

Nach einem drei viertel Jahr erhielt ich von der Frau das Feedback, dass in der Familie eine positive Veränderung aller festzustellen sei. Insbesondere die Ehe sei viel besser geworden als zuvor. Es bestätigt sich immer wieder, dass die Aufrechterhaltung von Familientabus eine schlimmere Wirkung hat, als wenn die Tatsachen allen bekannt sein dürfen.

Aus der Perspektive des betroffenen Kindes wäre hier ein typisches Märchen »Das hässliche junge Entlein«

[2] Der leibliche Vater hatte nun regelmäßigen Kontakt zu seinem Kind. Die alte Familie konnte in diesem Falle bestehen bleiben, ohne dass es zu einer Trennung Marinas von ihrem Ehemann kam.

von Andersen gewesen, in dem es um ein »unter-geschobenes« Kind geht. In Familien, deren Thematik ein solches Kind ist, findet man zuweilen dieses Mär-chen. Doch auch wenn es von Marina als Märchen des Kindes erwähnt worden wäre, hätte man die Auf-stellung wie oben beschrieben an einem bestimmten Punkt abbrechen müssen. Man kann sich nie allein auf das Feedback der Stellvertreter verlassen, denn ein Fremdheitsgefühl eines Elternteils einem Kind gegen-über kann auch andere systemische Ursachen haben. Ebenso wenig kann man sich allein auf die Nennung eines Märchens verlassen: Diese müssen der Aufstel-lung dienen, nicht umgekehrt! Ein Festhalten am Mär-chen, wenn die Aufstellung in eine andere Richtung geht, kann nur Schaden anrichten.

Dynamiken, die krank machen

Es ist die tiefe Bindung unter den Familienmitgliedern, die bewirkt, dass Spätergeborene sich nicht trauen, im Angesicht des Leides Frühergeborener ihr Glück anzunehmen. So fühlen sich beispielsweise Kinder schuldig, wenn sie im Angesicht von behinderten oder schwer kranken Eltern glücklich sind. Kinder mischen sich aber auch in die Schuld ihrer Eltern ein.
Ein Beispiel: Jerome war Alkoholiker gewesen und

hatte mehrere Selbstmordversuche hinter sich. Schon mit sechs Jahren stürzte er sich von einem Balkon, doch wie durch ein Wunder überlebte er. Als Erwachsener folgten weitere Suizidversuche. Sein Vater war Zuhälter gewesen. Er hatte Jeromes Mutter gezwungen, ihren Körper zu verkaufen. Als Jerome drei Jahre alt gewesen war, trennten sich die Eltern. Jerome wuchs einige Jahre bei der Mutter auf und lebte später dann wieder beim Vater. Vor der Verbindung mit Jeromes Mutter war der Vater mit einer Frau zusammen gewesen, die ein Kind von ihm hatte, Jeromes unbekannten Halbbruder. Was aus der Frau und dem Halbbruder geworden war, wusste Jerome nicht.

Die Aufstellung zeigte, dass der Vater die erste Frau und das erste Kind leichtfertig verlassen hatte. Sie war sehr wütend auf ihn, wie auch die zweite Frau, Jeromes Mutter, sehr wütend auf den Mann war. Den Vater konnte nichts berühren, er wollte nur weg. Er war so sehr in kriminellen Verwicklungen verstrickt, dass er für nichts anderes Interesse zeigen konnte. Er war es, der sich umbringen wollte! Doch Jerome war bereit, alle Schuld für seinen Vater auf sich zu nehmen. Er war willens, sich für den Vater umzubringen.

Im Lösungsbild standen die beiden vom Vater verlassenen Frauen mit ihren Kindern zusammen. Alle waren erleichtert, dass sich der Mann außer Sichtweite befand. Jerome war zu ihm hingegangen und hatte ihm gesagt: »Ich bin nur ein Kind. Für mich ist es zu schwer, ich lasse es in Liebe bei dir und gehe zu meiner Mutter und zu meinem Halbbruder.« Der Vater stimmte weder zu, noch widersprach er. Er war völlig von anderen Dingen in Anspruch genommen und konnte nicht reagieren. Die Mutter allerdings seufzte tief, als ihr Sohn diese Worte gesprochen hatte. Das Bewegendste allerdings war die Begegnung mit dem Halbbruder, den Jerome bislang völlig ausgeklammert hatte. Der Ältere schaute dem Jüngeren in die Augen und weinte. »Wir brauchen uns!«, sagte er. Beide waren in tiefer Liebe verbunden. Jerome muss sich nun aufmachen, den Aufenthaltsort seines Halbbruders ausfindig zu machen. Mit ihm zusammen kann das Wort »Familie« für Jerome eine neue Bedeutung erlangen.

Bert Hellinger nennt die hier geschilderte Dynamik »Lieber ich als du«. Meist stimmt in der Aufstellung der Elternteil erleichtert zu, wenn ein Kind das »Lieber ich als du« verwandelt in »Ich lasse es in Achtung und Liebe bei dir«. Neben dem »Lieber ich als du« gibt es noch andere Dynamiken, die krank machen können. Wenn zum Beispiel ein Elternteil im Sterben liegt und das noch junge Kind den Vater oder die Mutter nicht gehen lassen will und schwer erkrankt, lautet die Dynamik »Ich komme mit«.

Eine weitere Dynamik, »Ich folge dir nach«, findet man beispielsweise, wenn jemand sich angesichts des frühen Todes eines Geschwisters nicht traut, das eigene Leben zu »nehmen«.

Eigene Sühne für persönliche Schuld ist im Spiel,

wenn jemand schuldhaft bei einem Autounfall den Tod eines Menschen verursacht hat. In den Familien von Kriegsverbrechern findet man dagegen oft die Sühne für die fremde Schuld eines vorgeordneten Familienmitglieds: Der Kriegsverbrecher steht nicht zu seiner Schuld, stattdessen trägt sie eines seiner Kinder.

Schließlich sei noch das stellvertretende Leiden in Paarbeziehungen erwähnt, bei dem sich im äußersten Fall ein Partner für den anderen umbringt, und als weitere Dynamik »Unglück als Preis für Errettung aus der Gefahr«.

Zunächst ein Beispiel für die Paardynamik: Ein Mann, Victor, litt, seit er verheiratet war, an schwerem Rheuma. Da sein Schwiegervater mit im Haus lebte und offensichtlich sehr bedeutsam für ihn war, wurde er bald in die Aufstellung hineingenommen. Auch eine Stellvertreterin für das Rheuma wurde aufgestellt, die Victor direkt neben sich platzierte. Schon nach kurzer Zeit sagte der Stellvertreter des Schwiegervaters energisch: »Die da [das Rheuma] gehört zu mir!« – »Das Rheuma« wechselte von Victor zur Frau, dann zum Schwiegervater und stimmte zu: »Hier ist mein Platz, mit dem Mann [Victor] habe ich gar nichts zu tun!«

Auf nähere Fragen erzählte Victor nun, dass die Mutter seiner Frau früh an einer Lungenentzündung gestorben war, als seine Frau zwei Jahre alt war. Der Witwer, Victors Schwiegervater, war nicht über den

Verlust seiner Frau hinweggekommen. Er klammerte sich an das vermeintlich Einzige, was ihm geblieben war – seine Tochter. Eifersüchtig auf den Schwiegersohn, bestand er darauf, mit in das Haus des Paares zu ziehen.

Bei den nun folgenden Lösungsschritten wurde die Trauer des Schwiegervaters um seine Frau und auch die Trauer von Victors Frau um ihre früh verstorbene Mutter nachgeholt. Als die Eltern der Frau bewegt Abschied voneinander nahmen, sagte der Stellvertreter des Rheumas: »Jetzt bin ich überflüssig!«

Bei dieser Dynamik ist es häufig wichtig, dass der Partner, der die Last für den anderen trägt, ihm in die Augen schaut und sagt: »Ich achte dein Schweres, und ich lasse es bei dir«, statt es für den anderen zu tragen, indem er beispielsweise krank wird.

Wer dies nicht vollzieht, braucht sich nicht zu wundern, wenn der Partner sogar wütend wird. Einem anderen das Schwere abnehmen zu wollen ist letztlich eine Anmaßung, auch wenn es aus Liebe geschieht. In der hier geschilderten Aufstellung antwortete die Frau auf das »Ich lass es jetzt bei dir«: »Es wird endlich Zeit! Es geht dich nichts an. Es ist mein Schmerz, meine Mutter, nicht deine!« Dann strahlten sie sich an.

Die Dynamik »Unglück als Preis für Errettung aus der Gefahr« kann beispielsweise bei einem Bergwerksunglück eintreten, bei dem nur einer überlebt, während alle anderen umgekommen sind. Ein solcher Mann wird sich quälen mit der Frage: »Warum habe ausgerechnet ich überlebt und keiner der anderen?« In der Regel fällt es den Betreffenden schwer, angesichts des Todes ihrer Kollegen ihr neues Leben als Geschenk zu nehmen.

Die Bedeutung des Sippengewissens

Die Gruppe von Menschen, aus der wir hervorgegangen sind, ist unausweichlich und schicksalhaft mit uns verbunden. Was andere in der Gruppe erlitten oder verschuldet haben, wird durch ein besonderes Gewissen, das Sippen- oder Gruppengewissen, für uns als Anspruch oder Verpflichtung spürbar, wenn auch meist unbewusst. Es gilt, das, was wir gewöhnlicherweise mit (persönlichem) »Gewissen« beschreiben, zu unterscheiden vom meist unbewusst wirkenden Gruppengewissen. Das persönliche Gewissen wird uns direkt als Last und Unbehagen spürbar, Letzteres zum Beispiel, wenn man jemanden anlügt. Das Sippengewissen dagegen wird in der Regel nicht gefühlt.

Das individuelle oder persönliche Gewissen könnte man auch als vordergründiges Gewissen bezeichnen; es bezieht sich auf die direkt mit uns verbundenen Personen: Partner, Kinder, Eltern, Geschwister, Freunde. Dieses persönliche Gewissen fühlen wir zwar unmittelbar, aber dennoch ist es dem Gruppengewissen nachgeordnet, und oft verstoßen wir sogar gegen das Gruppengewissen, indem wir dem persönlichen Gewissen folgen.

Das Gruppengewissen ist ein verborgenes, ein hintergründiges Gewissen. Es ist ein Ordnungs- und Gleichgewichtssinn für alle Mitglieder einer Sippe, der jedes Unrecht an Früheren später an den Nachgeordneten ahndet und ausgleicht, auch dann, wenn diese von den Früheren nichts wissen und unschuldig sind. Dieses Gewissen nimmt sich der Ausgeschlossenen an, bis auch sie in unserem Herzen einen Platz finden. Doch auch wenn die Früheren selber ein Unrecht getan haben, wollen Spätere die Folgen auf sich nehmen und anstelle der Früheren ausgleichen. Somit werden sie durch das Gruppengewissen in fremde Schuld und Unschuld und auch in fremdes Denken und Fühlen verstrickt. Alle Ausgestoßenen, Verkannten, Vergessenen und unter schlimmen Umständen Verstorbenen sind auf diese Weise mit uns verbunden.

Die Freude am Leiden

Mancher tut sich schwer, in einer Familienaufstellung die lösenden Worte zu sagen, denn es ist wesentlich leichter, zu leiden, als das Lösende zu tun. Wenn man dann den Betreffenden »in die Augen des Toten« blicken und ihn statt des Lösenden sagen lässt: »Aus Liebe zu dir folge ich dir nach«, oder: »Ich tue es für dich!«, kann etwas in Bewegung kommen, denn solche Sätze spiegeln die Wirklichkeit wider. Durch das Aussprechen dessen, was ist, was mancher Zuschauer als Provokation empfindet, wird dem Kranken im Angesicht des Toten möglicherweise etwas klar: Sein Opfer bringt weder dem Toten noch ihm selbst Nutzen.

Ich mache des Öfteren die Erfahrung, dass manch einer, der im Seminar das Lösende noch nicht tun konnte, es später vollzieht: »Erst in den Wochen und Monaten danach verstand ich langsam ...« Man darf hier nicht übersehen, dass Familienaufstellungen tiefe Erfahrungen sind, für die die Seele Zeit braucht. Es kann eine Weile dauern, bis es dem Menschen gelingt, den Familienmitgliedern aus dem Lösungsbild heraus zu begegnen. Das Heilende kann sich aber auch zügig vollziehen.

Der methodische Umgang
mit Märchen

Was spricht dafür, Märchen des Rat Suchenden in Familienaufstellungen mit einzubeziehen? Sowohl in Familienaufstellungen mit Symbolen[3] als auch in Gruppenaufstellungen gibt es manchmal einen »toten Punkt«. Der Hinweis auf das Märchen kann möglicherweise ein Tor öffnen, das bislang übersehen wurde. Ein gutes Beispiel dafür ist die Geschichte von Manuela (siehe das Kapitel »Dornröschen«), die unter starken Allergien litt. Die als Person aufgestellte Allergie wollte der Mutter Manuela wegnehmen. Die Rivalität unter den Frauen wurde im wahrsten Sinne des Wortes handgreiflich ausgetragen. Auf die jetzt gestellte Frage nach dem Märchen gab Manuela »Dornröschen«

---

[3] In meiner Praxis arbeite ich auch mit Symbolen. Dazu benutze ich für die Aufstellungen bunte Papierscheiben (für die Geschlechter unterschiedlich zugeschnitten), die mit Auskerbungen für die Blickrichtung versehen sind und auf die sich der Rat Suchende stellen kann. Mit dem Therapeuten stellt er sich abwechselnd auf eine solche Scheibe, um körperlich wahrzunehmen, wie sich das Familienmitglied fühlt. Selbstverständlich hat diese Form des Familienstellens nicht dieselbe Intensität wie die Gruppe, doch lässt sich auch auf diese Weise Heilsames erfahren. Voraussetzung dafür ist jedoch, dass man sämtliche Vorannahmen aufgibt und sich innerlich sammelt. Mit dem nötigen Ernst kann man sehr schnell eine Körperwahrnehmung erleben. Als anschauliches Beispiel sei auf Elke bei der Erläuterung des Märchens »Däumelinchen« verwiesen.

an, in dem es fast immer um eine nicht gewürdigte frühere Frau des Vaters geht. Anschließend konnte dann schnell eine Lösung gefunden werden, indem die frühere Frau geachtet wurde.

Wie schon gesagt, sollen die Einsichten in die Skriptzusammenhänge eines Märchens dem Rat Suchenden und seiner Familienaufstellung dienen und nicht umgekehrt. Ein Beispiel dafür ist die Aufstellung von Fritz (Kapitel »Hans im Glück«). Obwohl hier der typische Skripthintergrund des männlichen Verwandten, der sein Vermögen verloren hatte, gegeben war, so wurde diese Person dennoch nicht aufgestellt. Es war deutlich wahrzunehmen, dass Fritz schon alles für seine Lösung hatte: die wieder gefundene Liebe zu seinem verstorbenen Vater. Eine zusätzliche Arbeit im Sinne von »Vollständigkeit« hätte nur Kraft genommen statt Nutzen gebracht.

Ohnehin muss man sich klarmachen, dass sich nicht bei jedem der typische Skripthintergrund des benannten Märchens zeigt. Zusätzlich besitzen viele Märchen eine breite »Streuung«. Beim »Froschkönig« (siehe das Kapitel »Der Froschkönig oder Der eiserne Heinrich«) beispielsweise geht es um eine »kalte« Frau, die ihren Gatten nicht als Mann genommen hat. Doch diese Frau, die den Frosch bzw. »den Mann« stets an die Wand wirft, ist nicht immer die Mutter des Aufstellenden, es kann auch eine andere Frau im Familiensystem sein. Was speziell den »Froschkönig« angeht, so gibt es ohnehin verschiedene Skripte. Schon der Titel verweist auf das zweigeteilte Märchen: »Der Froschkönig oder Der eiserne Heinrich« lautet er nämlich vollständig. Wenn dieses Märchen genannt wird, sagen die meisten »Der Froschkönig«, aber andere auch »Der eiserne Heinrich«, so als ob es zwei verschiedene Geschichten seien. Wie wir sehen werden, hat in der Tat jedes dieser beiden Märchenteile seine eigene Bedeutung.

Sowohl in der Einzeltherapie als auch in Aufstellungsgruppen frage ich die Klienten zu Beginn nach dem Märchen, das sie in der Kindheit am meisten beeindruckt hat.[4] Dabei sollte man darauf achten, ob sie tatsächlich eine innere Verbindung zu dem Märchen haben. Gibt jemand mehrere an, kann man fragen, welches das wichtigere ist. Aufschlussreich ist auch die Beobachtung, bei welcher Märchenbeschreibung der Erzählende einen zentrierten oder betroffenen Eindruck macht. Empfehlenswert ist es, wenn der Therapeut in der Gruppe wie auch in der Einzeltherapie eine kurze Imagination durchführt: Nach einer geleiteten Entspannung kann der Klient mit geschlossenen Augen darauf warten, welche Märchenfigur jetzt innerlich auf ihn zutritt. Dabei kann es für ihn durchaus Überraschungen geben.

Bert Hellinger hat seine Vorgehensweise in diesem Zusammenhang so beschrieben:

[4] Bert Hellinger geht nur bis zum siebten Lebensjahr. Nach meiner Erfahrung kann es in manchen Fällen auch bis in die Jugend hinein-reichen.

*Diese Geschichten, seien es es solche, die auf trauma-
tischen Ereignissen und Erlebnissen beruhen oder systemisch bedingt sind, kann man suchen. Eine Methode, das Skript und die systemische Geschichte herauszubekommen, ist das Erzählen folgender Geschichte:
Einer denkt, er habe jetzt genug gearbeitet und er
könne sich was Gutes leisten. Er geht aus seinem Ort
weg und fährt in einen anderen Ort und wandert ein
bisschen herum und kommt vor ein Haus, und über
dem Haus steht mit großen Buchstaben »Welttheater«.
Er denkt sich: »Das ist der richtige Platz«, und kauft
sich eine Eintrittskarte. Etwas teuer, aber er sagt sich,
das macht mir jetzt nichts aus. Dann geht er hinein,
setzt sich in den Raum, lehnt sich zurück, macht
es sich gemütlich und wartet. Schließlich gehen die
Lichter aus, und der Vorhang öffnet sich: Das Stück
beginnt. Wie er so hinschaut, merkt er: Das Stück
kenne ich ja schon aus der Literatur. Das ist ja überhaupt nichts Neues. Und als er weiter hinschaut,
merkt er, das ist das Stück, das er selber spielt. Frage:
Wie heißt dein Stück? Es ist ein Stück, das es in der
Literatur gibt. Entweder als Märchen oder als Film
oder als Roman, Theaterstück, vielleicht auch als eine
Biographie. Wenn der Name des Stückes hochkommt,
ist das eine Überraschung und meist ein bisschen
peinlich.*[5]

[5] Gunthard Weber (Hg.): *Zweierlei Glück – Die systemische Psychotherapie Bert Hellingers*, Heidelberg 1993, S. 233.

In den Aufstellungsgruppen kommt es vor, dass jemand ein Märchen angibt, nur weil die meisten anderen auch eines nennen. Mancher glaubt, dass Lösungen nur möglich sind, wenn man ein Märchen oder ein »Stück« angibt. Dem kann man als Therapeut vorbeugen, indem man die Tatsachen von Anfang an ausspricht: Das Wesentliche sind wie gesagt die Familienaufstellungen, nicht die Märchen. Märchen können zuweilen einen wichtigen Hinweis liefern, sie müssen es jedoch nicht.

Wichtige Aufschlüsse geben können aber nicht nur Märchen, sondern auch Geschichten aus der Jugendzeit und ebenso aus dem Erwachsenenleben, zum Beispiel Opern, Filme und Romane. Manchmal ist es nur eine wichtige Szene, die das Interesse begründet hat. Eine Frau liebte als Jugendliche zum Beispiel ein langes, weitschweifiges modernes Märchen vor allem wegen einer einzelnen Szene, was sie mir gegenüber auch deutlich zum Ausdruck brachte: Eine der Hauptfiguren lernte, aus ihrem Körper auszusteigen und ihn zu verlassen. Diese Frau hatte ihr ganzes Leben, auch schon in der Kindheit, nur eines gewollt: nicht mehr auf der Erde sein, was letztlich Jenseitssehnsucht bedeutet.

Bei Erwachsenengeschichten lohnt es sich, nach der Szene zu fragen, die besonders beeindruckend gewesen war. Doris hatte sich zwar an kein Märchen aus der Kindheit erinnert, doch ihre Erwachsenengeschichte war das Musical »Sissi«, in dem es um die Lebensgeschichte der bekannten lebensmüden österreichischen Kaiserin geht. Auf Schallplatte hörte sie immer wieder eine bestimmte Stelle an: Elisabeth sieht den Tod zwischen Gitterstäben vor sich stehen und sagt zu ihm:

»Komme, öffne mir!
Lass mich nicht warten.
Bin ich nicht
genug gequält?
Erbarme dich!
Komm, süßer Tod ...
Verfluchter Tod ...
Erlöse mich!«

Doris' Mutter war lebensmüde. Sie hatte ihre Tochter schon des Öfteren gebeten, sie umzubringen, indem sie beispielsweise zusammen mit dem Auto einen Abhang hinunterführen. Sie könne die Qual ihres Lebens nicht mehr ertragen, sagte sie gerade in letzter Zeit immer wieder. Tatsächlich lauteten die sich stets wiederholenden Worte der Mutter: »Der Tod ist die beste Erlösung.« Ganz ähnlich wie im Musical. Die Musik und der Text des Musicals brachten Doris zu Bewusstsein, was zu ebendieser Zeit in ihrer Familie geschah; sie fühlte, dass sie genauso lebensmüde war wie ihre Mutter, weil sie deren Leid trug.
Auch im Theater hatte Doris das Musical gesehen. Der Darsteller des Todes hatte eine magische Wirkung auf sie. Sie konnte ihn auch nach der Aufführung

nicht so schnell wieder vergessen. Es war ihr, als ob sie in den Tod verliebt sei. Durch eine Familienaufstellung konnte sie dann zu einem späteren Zeitpunkt ihre Todessehnsucht erkennen und auch verstehen, warum ihre Mutter aus dem Leben scheiden wollte.

Das Musical »Sissi« zog Doris genau zu der Zeit in Bann, als der Drang der Mutter zu sterben besonders intensiv war und sie selbst als deren Tochter sehr gefährdet war. Anders als die Märchen haben die Geschichten aus dem Erwachsenenleben einen größeren Bezug zur aktuellen Situation, doch auch in ihnen kann Vergangenes aufscheinen.

Eine Frau, Isolde, gab als Erwachsenen- und Jugendgeschichte ein Buch[6] über ein Zwillingsschwesternpaar an. Die beiden Schwestern waren Musikerinnen und wollten immer zusammen öffentlich musizieren. Durch das Schicksal wurden sie oft voneinander getrennt, worunter beide litten. Das Buch endet mit dem Tod einer der Zwillinge, was für den noch lebenden Zwilling mit schwerem Schmerz verbunden war. Isoldes Mutter hatte eine Zwillingsschwester, die bei der Geburt verstorben war. Doch die Parallelen gehen noch weiter: Die Mutter war hochmusikalisch, und Isolde hatte ihr musikalisches Talent, das sie auch beruflich nutzte, von der Mutter geerbt; so zumindest sah es Isolde. In einer Familienaufstellung zeigte sich,

[6] Der Titel war Isolde leider entfallen.

dass sie mit der toten Zwillingstante identifiziert war und der Mutter den toten Zwilling ersetzte.

Auch Filme und Romane, die einen lang anhaltenden Eindruck hinterlassen, haben oft ihre Bedeutung. Besonders aussagekräftig ist es, wenn der grundlegende Inhalt sowohl in der Erwachsenengeschichte als auch im Märchen gefunden wird. Bei den Erwachsenengeschichten muss man ebenso berücksichtigen, dass sie sich auch gänzlich auf ein aktuelles Problem beziehen können und nichts mit der Herkunftsfamilie zu tun haben müssen.

Als Beispiel für einen Film sei die Geschichte von Paula erwähnt: Paula litt unter mehreren lebensbedrohlichen Krankheiten. Bei einer Aufstellung kam sie in Kontakt mit dem Tod, der als Person aufgestellt war. Ihr Verhalten dem Tod gegenüber war anmaßend. Sie sagte ihm: »Ich bestimme das Handeln, nicht du.« Darauf antwortete der Tod: »Was du sagst, ist sehr schlimm. Du glaubst, du könntest mit mir spielen – ich warte. Nimm mich ernst, ganz ernst!« In einem nachfolgenden Gespräch erwähnte Paula einen Film, den sie sich häufig als Video anschaut, weil er sie fasziniert: Ingmar Bergmans »Das siebte Siegel«. In diesem Film versucht ein Mann, mit dem Tod zu spielen und ihn zu überlisten.

In diesem Buch habe ich mich auf die prägenden Märchen in der Kindheit konzentriert. Geht man so vor, ist es klar, dass sich die Lebensskripte auf das Familiensystem der Herkunft beziehen und nicht auf das gegenwärtige. Trotzdem werden wir bei vielen Fallgeschichten sehen, dass diese Skripte auch auf das aktuelle System wirken.

Wie man Lebensskripte im Märchen findet

Wenn man auf diese neue Weise Märchen unvoreingenommen verstehen will, gibt es zwei Wege, die in der Praxis ineinander greifen. Zum einen schaut man auf die Art von Familienereignissen oder Beziehungsmuster, die sich bei jenen Menschen finden lassen, die ein bestimmtes Märchen genannt haben. Beim »Wolf und den sieben jungen Geißlein« beispielsweise (siehe das entsprechende Kapitel) erzählen die Rat Suchenden oft, dass ihr Vater über längere Zeiten abwesend war und die Mutter den Vater stets schlecht machte. Es ist hier auch oft der Fall, dass die Mutter den Kontakt zum Vater verhindert hat. In der Märchensprache sagt sie: »Hütet euch vor dem Wolf [= Vater].« Dieser gilt als Bösewicht und wird aus dem Familienleben ausgeklammert.

Zum anderen hat sich als Alternative zum Analysieren, Deuten bzw. Interpretieren ein unmittelbares Sich-dem-Text-Aussetzen bewährt. Bert Hellinger beschreibt für die Psychotherapie diese Methode, die sich durchaus auch auf Texte anwenden lässt. Er bezeich-

net das unvoreingenommene Sichaussetzen als »Phä-
nomenologie«. Man zieht sich von allen Vorstellungen
und Gedanken zurück, die man über eine Person oder
Sache hat. Man lässt alles beiseite, was man schon
weiß. Aus dieser leeren Mitte, wie sie beispielsweise im
Zen-Buddhismus beschrieben wird, kann dann plötzlich etwas heraufsteigen: ein Bild, ein Wort oder eine
Einsicht. Dies geschieht unvermittelt, unmittelbar:

Bei der Psychotherapie ist das, was ans Licht kommt,
zugleich eine Handlungsanweisung, der man sich
überlassen muss, ohne dass man sie versteht. Denn
wohin sie führt, ist erst am Ende sichtbar. Man muss
also loslassen von der Sicherheit. Oft will man in den
psychotherapeutischen Methoden eine Sicherheit
haben, ja sogar eine Wiederholbarkeit, um etwas zu
erreichen. Das ist bei dieser Vorgangsweise unmöglich.
Doch indem der Therapeut so zurückgenommen ist,
taucht nicht nur für ihn etwas auf, sondern auch für
die Beteiligten. Plötzlich wird auch für sie etwas sicht-
bar oder kommt in Bewegung, das man nicht planen
kann. Daraus ergeben sich dann Lösungen.[7]

Wenn man sich einem Märchen unmittelbar aussetzt,
lässt sich etwas Bestimmtes spüren oder kann Betroffenheit entstehen, obwohl es sich zunächst noch nicht

[7] Bert Hellinger: »Einsicht durch Verzicht – Der phänomenologische
Erkenntnisweg in der Psychotherapie«, in: *Praxis der Systemaufstel-*
lung, München, 1/98, S. 16 f.

ganz klar ausdrücken lässt. Dieses unmittelbare Sich-dem-Märchen-Aussetzen habe ich gezeigt in dem Buch *Der Mann, der tausend Jahre alt werden wollte – Märchen über Leben und Tod aus Sicht der systemischen Psychotherapie Bert Hellingers*[8]. Um sich dem Skript anzunähern, muss man sich fragen, wer oder was im Märchen das Vorwärtstreibende ist. Was steht letztlich im Zentrum? Dabei liegt es auf der Hand, dass das Wichtige im Leidvollen des Märchens gefunden wird, nicht in den wundersamen Rettungen, einer glücklichen Hochzeit oder dem »Happy End«. Im wirklichen Leben geht es meist anders zu, und so ist das glückliche Ende der Märchen oft nur ein Wunschtraum, etwa bei den »Sterntalern«: Jemand hat alles verloren und steht am Ende ohne Eltern und Dach über dem Kopf da. In der Realität gibt es kaum Wunder für Menschen, denen solcherlei Unglück widerfährt.

Bewährt hat sich ebenso der aufmerksame Blick auf die ersten Sätze des Märchens. In diesem Vorgehen finden wir uns in Übereinstimmung mit der Psychoanalyse. C. G. Jung deutete nicht nur Märchen und Mythen auf solche Weise, sondern auch die Träume seiner Klienten. Nirgends in seinen Veröffentlichungen fehlt an den entsprechenden Stellen der Hinweis, dass das Wesentliche meist in den ersten Sätzen zu finden ist. Auch wenn dies nicht immer zutrifft, lohnt sich der Blick auf den Anfang.

[8] München 1998.

Dies gilt auch für literarische Märchen, wie zum Beispiel Theodor Storms besonders in Norddeutschland bekannten »Kleinen Häwelmann« (siehe das entsprechende Kapitel). Schon im ersten Satz findet sich der Hinweis, dass der kleine Junge »nie genug davon bekommen konnte«, im Kinderwagen durch die Stube gerollt zu werden. Das Vorantreibende im Märchen sind Häwelmanns immer wiederkehrende Ausrufe: »Ich will fahren!«, »Mehr, Mehr!«, und seine ungeduldigen Befehle, wenn ihn Sonne, Mond und Mutter nicht schnell genug schieben. Letztlich will Häwelmann nicht mehr leben, er will in den Himmel fahren. Der Tod ist ihm nah. Die auf den ersten Blick romantische und anrührende Geschichte wird in der Praxis von vielen stark gefährdeten Menschen als wichtigstes Märchen genannt.

Wenn man nun in der Betrachtungsweise in die Symbolik einsteigen würde, statt auf das wesentlich Vorantreibende zu schauen, käme ein ganz anderes Ergebnis zustande: Man könnte die Symbolik von Sonne und Mond analysieren, den Himmel und die Sterne, die verschlafene Stadt und das Meer. Das tatsächlich Zentrale des Märchens enthüllt sich dadurch jedoch nicht, sondern es wird im Gegenteil verdeckt. Auch mit den Grimm'schen Märchen verhält es sich nicht anders: Von bösen Hexen und listigen Zwergen sollte man sich nicht auf Deutungsabwege locken lassen; ansonsten erfährt man das die Seele Berührende nicht. Um den Skripthintergrund eines Märchens zu erfassen, stellt sich auch stets die Frage, ob die Geschichte auf das Schicksal und die Erlebnisse eines Familienangehörigen verweist, dem sich der Mensch unbewusst nahe fühlt, oder ob sie etwas ausdrückt, was das Kind selbst erlebt hat. Es kann ebenso gut beides der Fall sein. Beim »Jungen hässlichen Entlein« von Andersen geht es wie gesagt um ein untergeschobenes Kind. Der Betroffene kann sich womöglich fühlen wie ein früheres Kind in der Familie, das so behandelt wurde, oder er kann selbst untergeschoben worden sein. Bei »Hänsel und Gretel« dagegen geht es um Kinder, die die armen Eltern verlassen müssen, weil diese kein Auskommen mehr haben oder anderweitig am Ende sind. Diese Geschichte kann zwar Vorfahren betreffen, doch häufig ist es der Betroffene selbst, der die Eltern verlassen musste oder sich tief von ihnen verlassen fühlte.

Ob das Märchen auf einen Ahnen oder auf uns selbst verweist, ist nicht immer ganz eindeutig. Bei »Hans im Glück« beispielsweise liegt es scheinbar auf der Hand, dass die Geschichte nicht von einem kleinen Kind erlebt worden sein kann. »Hans« ist ein Erwachsener, kein Kind. Der Mann, der sein Vermögen verloren hat, ist ein Vorfahr, dem man sich verbunden fühlt; aus »Treue« zu ihm wird manch einer ebenfalls unglücklich in materieller Hinsicht.

Jenseits dieser theoretischen Überlegung kann das Märchen dennoch auf die eigene Biographie verweisen: Es kann kein Zufall sein, dass dieses oft von Männern genannte Märchen in zahlreichen Fällen auf eine Kindheit ohne Vater hinweist. Im Märchen wird das Elternhaus des Helden auf eine Weise beschrieben, als sei die einzig dort anwesende Person die Mutter. Dies erinnert die Kinderseele von vaterlos aufwachsenden Männern an ihre eigene Situation.

Mann und Frau

»Dornröschen«: Die frühere Frau des Vaters

Zusammenfassung des Märchens

Ein König und eine Königin wünschten sich sehnlichst ein Kind. Eines Tages prophezeite ein Frosch der Königin im Bade: »Ehe ein Jahr vergeht, wird dein Wunsch erfüllt werden.« So geschah es.

Eine schöne Tochter kam zur Welt, und der König veranstaltete ein großes Fest. Nicht nur alle Bekannten und Freunde wurden eingeladen, sondern auch die weisen Frauen, damit sie dem Kind gewogen sein sollten. Es waren dreizehn weise Frauen, doch da nur zwölf goldene Teller vorhanden waren, wurde diese dreizehnte Frau nicht eingeladen. Am Ende des Festes schenkte jede Frau dem Kind etwas Kostbares. Inmitten dieser Zeremonie trat die dreizehnte herein und sprach, sie wolle sich dafür rächen, dass sie nicht eingeladen worden war: Die Prinzessin soll in ihrem fünfzehnten Lebensjahr von einer Spindel gestochen tot hinfallen. Da die zwölfte weise Frau ihren Wunsch noch nicht ausgesprochen hatte, konnte sie dieses Urteil aber noch abmildern: »Es soll nur ein hundertjähriger tiefer Schlaf sein.«

Um sein Kind vor diesem Schicksal zu bewahren, ließ der König alle Spindeln im Reich verbrennen, doch am fünfzehnten Geburtstag der Tochter geschah das Unglück: In einem alten Turm, den die Prinzessin aus Neugier betrat, traf sie auf eine alte Frau an ihrer Spindel. Sobald sie die Spindel berührte, ging der Zauberspruch in Erfüllung.

Der sich ausbreitende Schlaf griff auf das ganze Schloss und all seine Bewohner über. Jeder schlief bei der Tätigkeit ein, die er gerade ausübte. Mit der Zeit wuchs um das Schloss eine Dornenhecke.

In den folgenden Jahren wollten viele Königssöhne zu Dornröschen in diesem sagenhaften Schloss vordringen, doch sie starben qualvoll in den Dornen. Als die hundert Jahre gerade vorüber waren, da gelang es einem jungen Prinzen, in das Schloss zu kommen. Der Prinz sah Dornröschen noch schlafen, er küsste sie, und sie erwachte. Auch die anderen Bewohner erwachten sogleich und machten mit jener Beschäftigung weiter, der sie nachgegangen waren, bevor der Schlaf über sie gefallen war. Schon bald wurde Hochzeit gefeiert.

Thesen zum »Dornröschen«

Im Märchen sind es die weisen Frauen, die dem Kind gewogen sein sollen. Bert Hellinger hat herausgefunden, dass die weisen Frauen für die früheren Partnerinnen des Vaters stehen. Die später geborenen Kinder benötigen das Wohlwollen seiner ersten Partnerinnen. Aus systemischer Sicht müssen alle früheren Partner gewürdigt werden. Dies ist oft eine Person, die unbequem erscheint – die »Dreizehnte«. Geschieht diese Würdigung nicht, »rächt« sich das: Das Kind ist tief verbunden mit dieser ausgeschlossenen Frau. Als Erwachsene wird eine Frau, die dieses Märchen benennt, nicht selten den Männern gegenüber so hart und böse sein, wie die ausgeklammerte frühere Frau es dem Vater gegenüber ist.

Meist wird »Dornröschen« von Frauen genannt. Da das Kind mit der früheren Partnerin des Vaters verbunden ist, konnte es meist nie richtig auf die Mutter zugehen, denn zu ihr steht es in der Position einer Rivalin. Dem Vater gegenüber ist das Kind ebenfalls nicht in der Kindrolle, denn für ihn stellt es die frühere Frau dar. Was hier Frieden bringt, ist in den folgenden Aufstellungen beschrieben.

Da das Familiengewissen auf Ausgleich drängt und nicht zulässt, dass wichtige Personen ausgeklammert werden, kann man dem Schicksal einer solchen Identifizierung nicht entgehen. In der Seele weiß das Kind, dass es seine Existenz dem Scheitern der früheren Verbindung seines Vaters verdankt. Das »Verbrennen aller Spindeln« als Vorsichtsmaßnahme nutzt nichts.

Ebenfalls eine Rivalität zwischen Mutter und Tochter ist bei dem Märchen »Schneewittchen« festzustellen:

Die Tochter buhlt mit der Mutter, zuweilen auch mit der Stiefmutter, um die Gunst des Vaters. Manchmal betrifft dieser Konflikt nicht die Rat Suchenden selbst, sondern sie fühlen mit jemandem in der Familie mit, der diesen Konflikt erlebt hat.

Lebensgeschichten zum »Dornröschen«

Mechthild

Mechthild war die dritte von vier Schwestern. Sie hatte ihr ganzes Leben das Gefühl gehabt, nicht auf ihre Mutter zugehen zu können. Es war, als hätte in dieser Hinsicht ein unausgesprochenes Verbot bestanden. Mechthild wuchs als Vaterkind auf und fühlte sich oft schwermütig.

Im ersten Bild der Aufstellung standen Vater und Mutter sehr weit voneinander entfernt. Sie hatten nichts miteinander zu tun. Vor dem Vater hatten sich drei seiner Töchter aufgebaut, in der Mitte Mechthild. Diese drei Kinder bildeten eine Art von Mauer. Sie hinderten den Vater daran, die Familie zu verlassen. Dieser schwankte stark. Auf die Frage, ob der Vater vorher verlobt oder verheiratet gewesen war, erwähnte Mechthild eine langjährige Freundin. Probehalber wurde sie aufgestellt. Sie fand ihren Platz direkt neben dem Vater. Diesem ging es nun etwas besser, und auch die Kinder atmeten jetzt durch. Die Freundin des Vaters schaute ihn auf seltsame Weise an, während er den Kopf senkte und sich endlich traute, sie anzuschauen. Schließlich wurde die Freundin wütend. Er hatte ihr etwas angetan, es war aber unklar, was. Angesichts der heftigen Emotionen wurde deutlich, dass es nicht nur um das Verlassenwerden ging, sondern dass es etwas anderes, Schlimmeres gewesen sein musste.

Diese Auseinandersetzung geht die Kinder nichts an. Der Vater sagte ihnen: »Lasst es bei mir. Ich trage die Folgen.«

Mechthild trat vor ihn hin: »Lieber Papa, was immer du mit ihr hattest, es geht mich nichts an. Nur sie [auf die Mutter zeigend] ist meine Mutter.«

Der Vater stimmte dem zu. Mechthild ging nun vor ihre Mutter: »Liebe Mama. Mit der früheren Freundin vom Papa habe ich nichts zu tun. Ich darf jetzt zu dir.« Mechthilds Stimme wurde jedoch immer leiser, außerdem stotterte sie. Sie blickte ängstlich auf zur Mutter. Dann sagte sie nach Aufforderung: »Mama, ich habe Angst vor dir. Nie werde ich zu dir dürfen. Wenn ich zu dir komme, verliere ich Papas Liebe.«

Das traf den Nagel auf den Kopf. Mechthild weinte, und die Mutter blickte nun sanfter auf ihre Tochter. Der Vater nahm regen Anteil, worauf Mechthild einen neuen Anlauf machte. Sie blickte erst zum Vater, dann zur Mutter: »Ich habe euch beide gleich lieb! Ich bin dein Kind, Mama, nicht deine Rivalin. Es tut mir Leid.«

Das Aussprechen des Wortes »Rivalin« brach den Bann, es zauberte den »hundertjährigen Schlaf« weg, in dem sich Mechthild befunden hatte. »Ja, ich habe mich immer als Rivalin gefühlt«, sagte sie schluchzend. Befreit konnte sie nun sagen: »Endlich kann ich zu dir kommen, Mama. Ich bin deine Kleine.«

Der gute Platz für Mechthild war neben der Mutter und ihren Geschwistern. Den Vater zog es mit der Freundin von der Familie fort, so dass die Kinder ihn gehen lassen mussten. Der Vollständigkeit halber sei noch erwähnt, dass im Stammbaum des Vaters keine schwerwiegenden Ereignisse bekannt waren.

Die Identifizierung mit einer früheren Partnerin des Vaters bedeutet für Töchter auch, dass sie später in Bezug auf Männer ein ähnliches Schicksal erleiden wie diese. Mit Männern hatte Mechthild Pech gehabt. Sie wurde genauso von ihnen verlassen, wie die frühere Partnerin vom Vater verlassen worden war. Von ihrem letzten Mann hatte Mechthild einen Sohn. Der Mann verließ sie und setzte sich ins Ausland ab, wo er Jahre später starb, ohne Frau und Kind noch einmal gesehen zu haben.[9]

---

[9] Die Gegenwartsfamilie wurde ebenfalls aufgestellt.

Manuela litt schon seit langem unter starken Allergien, die ihr Leben massiv beeinträchtigten. Für eine Zweieraufstellung wählte Manuela für die Allergie eine Frau als Stellvertreterin. In dieser stumm ablaufenden Aufstellung, bei der jeder der Beteiligten auf seine Impulse achtet und sich dementsprechend verhält, übte die Allergie eine starke Anziehungskraft auf Manuela aus. Einer Eingebung folgend, wurde sie aufgefordert, ihre Mutter ebenfalls noch auszuwählen und dazuzustellen.

Was nun ablief, überraschte alle wegen seiner intensiven Dynamik: Die Mutter war sofort eifersüchtig auf die Allergie. Wie Rivalinnen gingen sie aufeinander los. Keine wollte der anderen Manuela gönnen. Sie kam sich als Spielball des Geschehens vor. Es sah aus, als ob die Mutter erfolglos versuchte, ihre Tochter vor der Allergie zu schützen. Bei solch einer Szene liegt der Verdacht nahe, dass eine frühere Frau des Vaters eine Rolle spielte.

In dieser Situation fragte ich nun nach dem wichtigen Kindheitsmärchen. Manuela nannte das »Dornröschen«. Auf die weitere Frage nach früheren Partnerinnen des Vaters erzählte sie, dass ihr Vater vor der Ehe verlobt war, doch sei diese Beziehung wohl nicht wichtig gewesen.

Die Allergie hatte sich in dieser Aufstellung dargestellt wie eine Konkurrentin der Mutter! Im nächsten Schritt kam der Vater in die Aufstellung herein. Sofort beruhigte sich die vorher angespannte Situation. Die Allergie, die zweifellos die frühere Verlobte verkörperte und die alles andere als unwichtig gewesen war, schaute nur noch auf den Vater; die Mutter spielte für sie zunächst keine Rolle mehr. Die Liebe zwischen dem Vater und der Verlobten war unübersehbar. Ihr Trennungsschmerz war vom Vater nicht geachtet worden. Er hatte es sich mit ihr zu leicht gemacht.

Was hier weiterhilft, ist die Würdigung der alten Liebe durch den Vater, aber auch die Achtung der früheren Frau des Mannes durch die spätere Frau. Indem Manuela zur Mutter sagte: »Endlich darf ich zu dir. Nur du bist meine Mutter, mit der früheren Verlobten des Vaters habe ich nichts zu tun«, hatte die Allergie bzw. die Verlobte keine Verbindung mehr zu ihr. Auch der Vater stimmte diesem Geschehen zu. Er sagte der Verlobten, dass ihm sein Verhalten ihr gegenüber sehr Leid tue.

Bei Allergien habe ich schon des Öfteren gesehen, dass sie mit dem Liebesleben der Eltern in Zusammenhang stehen können. Dabei kann es durchaus auch um Seitensprünge der Eltern gehen und nicht unbedingt nur um frühere Partner.

Linda kam nur ein einziges Mal als Rat Suchende zu mir, da sie sich nicht wirklich einlassen wollte. Sie wirkte im Gespräch zynisch, kalt und aggressiv, ohne sich dessen bewusst zu sein. Diese Härte und Bitternis ist bei jenen, die »Dornröschen« als wichtiges Märchen angeben, oft wie bei der dreizehnten Fee!

Seit dem Jugendalter litt Linda unter Lebensangst. In den folgenden Jahrzehnten hatte sie reichlich Erfahrung mit den unterschiedlichsten psychotherapeutischen Verfahren gesammelt. Was noch fehlte, war das Erlebnis einer Familienaufstellung. Doch Linda war nicht bereit, in eine Gruppe zu gehen: »Dort müsste ich ja nicht nur mein Innerstes vor den anderen zeigen, sondern ich müsste mich noch aktiv als Teilnehmerin an den Aufstellungen beteiligen. Das ist mir alles zu anstrengend! Ich mühe mich doch nicht für andere ab! Wenn ich nur meine eigene Aufstellung mitmachen und dann sofort nach Hause fahren könnte, dann wäre es für mich in Ordnung.«

Ich machte ihr schnell klar, dass das nicht geht und auch unsozial ist. An einer Aufstellungsgruppe nimmt man nicht allein teil wegen der eigenen Aufstellung, sondern wegen des Gruppenerlebnisses als Ganzes. Viele auf diese Weise arbeitende Therapeuten machen die Erfahrung, dass intensive psychotherapeutische und körperliche Veränderungen nicht nur bei den aktiven Teilnehmern, sondern auch bei den »teilnehmenden Beobachtern« stattfinden können.[10] So gab mir einmal eine weibliche »teilnehmende Beobachterin« Monate nach einem Kurs folgendes Feedback: Sie hatte seit Jahrzehnten an Migräne gelitten. Seit dem Kurs, der nun mittlerweile schon längere Zeit zurücklag, sei sie kein einziges Mal mehr aufgetreten. Während des Seminars hatte sie, wachgerüttelt durch andere Aufstellungen, bemerkt, dass sie sich vor ihrer Mutter verbeugen musste. Sie vollzog dies innerlich; früher hatte sie ihre Mutter stets zutiefst abgelehnt.

So wie Linda sich äußerte, war zu vermuten, dass sie weder von einer aktiven noch von einer beobachtenden Teilnahme eines Seminars Gewinn haben würde. Sie wollte mit minimalem Aufwand ein maximales Ziel erreichen. Die langjährigen psychotherapeutischen Erfahrungen im Hintergrund sind nicht selten auch eher von Nachteil als von Vorteil: Sie ermöglichen es, Neues von sich fern zu halten. Linda wollte sich der Mutter nun in der Symbolarbeit wieder annähern. Auf den Symbolen stehend, konnte Linda jedoch nur wenig spüren.

Als wir abwechselnd auf die Scheiben für die Familienmitglieder gingen, war aber zu merken, dass es den Vater wegzog. Er war in erster Ehe mit einer Frau

[10] Bei den meisten Therapeuten, die Familienaufstellungen durchführen, kann man sich als aktiver Teilnehmer oder auch als »teilnehmender Beobachter« anmelden. Letztere werden als Stellvertreter in die Rollen gewählt, doch sie bearbeiten kein eigenes Thema.

verheiratet, die einer Sekte angehörte. Als diese Frau aus medizinischer Sicht dringend wegen eines Leidens operiert werden sollte, weigerte sie sich aus religiösen Gründen. Auf den Symbolen konnte man spüren, dass die Verstorbene auf den Ehemann wütend war. Über die Hintergründe wusste Linda nichts. Jedenfalls wurde deutlich, dass Linda die Verzweiflung dieser Frau in sich trug.

Das Symbol für Linda war auf diese erste Frau ausgerichtet, und auch sonst war der starke Bezug wahrzunehmen: Als Kind und in ihrem späteren Leben konnte Linda sich nie ihrer Mutter zuwenden, weil sie identifiziert war mit der verstorbenen Frau des Vaters. Mit ihr hingen auch die Angstsymptome zusammen.

Ein Versuch wie in Mechthilds Beispiel, in eine Ablösung von dieser Frau und in eine Hinwendung zur Mutter zu gehen, scheiterte jedoch. An dieser Stelle der Aufstellung sagte Linda mehrere Schimpfwörter zu ihrer Mutter, statt sich vor ihr zu verbeugen. Die Wut, die sie in sich trug, war natürlich auch die fremde Wut dieser früheren Frau. Weil jedoch Lösungen nur in Liebe und Achtung möglich sind, musste die Arbeit abgebrochen werden. Eine zweite therapeutische Sitzung fand nicht statt. In solchen Situationen muss sich der Therapeut auch vor der Entwertung seiner Arbeit hüten, den Rat Suchenden vor sich selbst schützen und die Zusammenarbeit beenden.

Bei extremer Ablehnung eines Elternteils lässt sich therapeutisch meist wenig ausrichten. Auch die Verstrickung in das Fremde ändert daran nichts. Außerdem war während der Arbeit deutlich zu merken, dass Linda es durch die jahrelange Therapie gewohnt war, dass der Therapeut die Arbeit macht, nicht sie selbst. Um in der Märchensprache zu sprechen: Dornröschen blieb auch weiterhin im »hundertjährigen Schlaf«.

Es sei noch nachgetragen, dass Linda bislang acht Partnerschaften hatte, die jedoch alle nur von kurzer Dauer waren. Sie verhielt sich Männern gegenüber sehr hart und oft ungerecht. Frauen, die ihre Mutter ablehnen bzw. hassen, haben fast immer »Pech mit Männern«.

»Die zertanzten Schuhe«:
Die früheren Männer der Frau

Zusammenfassung des Märchens

Ein König hatte zwölf Töchter. Abends schloss der König die Tür des großen Saales, in dem sie schliefen. Morgens, wenn er wieder aufschloss, entdeckte er, dass die Schuhe seiner Töchter zertanzt waren. Niemand konnte sich dies erklären, und so versprach der König demjenigen, der das Geheimnis lüften könne, eine der Töchter zur Frau. Wer es jedoch innerhalb von drei Tagen nicht herausbrächte, der habe sein Leben verwirkt.

Diejenigen jungen Männer, die sich dazu bereit erklärten, hatten alle keinen Erfolg und mussten ihr Leben lassen. Schließlich meldete sich ein armer Soldat. Eine alte Frau hatte ihm erzählt, er könne wohl hinter das Geheimnis kommen, doch dürfe er nicht den Wein trinken, der ihm angeboten würde, da in ihm ein Schlafmittel enthalten sei. Außerdem gab sie ihm einen Mantel, mit dem er sich unsichtbar machen konnte.

Als er sich im Schloss niederlegte und ihm die Prinzessinnen den Wein reichten, tat er nur so, als tränke er. Er stellte sich schlafend und hörte, wie sie sich über ihn lustig machten und ihre kostbaren Kleider anzogen. Die älteste der Schwestern klopfte schließlich an ihr Bett, so dass es sich in die Erde senkte. Der Soldat zögerte nicht lange, zog seinen wundertätigen Mantel an und folgte ihnen unbemerkt. So wurde er Zeuge, wie die Schwestern in Schiffen von zwölf Prinzen abgeholt wurden und mit ihnen zum Tanz fuhren. Um drei Uhr am Morgen traten sie den Rückweg an, und ihre Schuhe waren zertanzt. Als sie im Schloss ankamen, eilte der Soldat voraus und legte sich rasch wieder ins Bett.

Am nächsten Tag wollte der Soldat dem König noch nichts sagen, sondern das muntere Treiben noch einmal miterleben. Auch die dritte Nacht ging er als Unsichtbarer mit. Es wiederholte sich alles, und er brachte vom Fest als Beweis für das Erlebte einen Trinkpokal und einige abgerupfte Blätter eines Baumes mit.

Schließlich musste der Soldat vor den König treten und Auskunft geben. Er berichtete der Wahrheit entsprechend und übergab seine Beweismittel. Die herbeigerufenen Töchter mussten zugeben, dass dieser Bericht stimmte. Als Lohn erhielt er die älteste Prinzessin zur Frau, und man versprach ihm das Königreich nach des Königs Tod. Die zwölf Prinzen jedoch wurden verwünscht.

Thesen zu den »Zertanzten Schuhen«

Die zwölf Prinzessinnen haben es »faustdick hinter den Ohren«. Sie pflegen ihre Beziehungen zu fremden Prinzen, ohne dass es jemand ahnt. Als ihre vorehelichen Verhältnisse an den Tag kommen, werden die zwölf Prinzen »verwünscht«.

Geht es in »Dornröschen« um die nicht geachteten früheren Frauen des Vaters, so geht es in den »Zertanzten Schuhen« um die vergessenen und nicht gewürdigten früheren Männer der Mutter oder einer Großmutter. Wie die Geschichte von Claudio zeigt, kann der frühe Tod eines Verlobten der Mutter Folgen für die später gegründete Familie haben.

Eine andere mögliche Hypothese zu diesem Märchen könnte lauten: »Eine Frau – Mutter oder Großmutter –

wird gegen ihren Willen vom Vater bzw. den Eltern verheiratet.« Diese These hat sich jedoch bisher nicht bestätigt.

Lebensgeschichte zu den »Zertanzten Schuhen«

Claudio

Claudio fühlte sich seit einigen Jahren schnell erschöpft und depressiv. Auf näheres Befragen erzählte er, dass seine Symptome anfingen, seitdem die Mutter einen Zusammenbruch erlitten hatte und anschließend körperlich schwächer wurde.

Claudio ist ohne Vater aufgewachsen. Seine Eltern waren locker miteinander befreundet. An dem Tag, als Claudios Mutter ihrem Freund mitteilen wollte, dass sie schwanger war, stritten sie sich sehr. Es kam zur Trennung, und erst viel später erzählte sie ihm von dem gemeinsamen Kind. Die Mutter gab alle Schuld stets Claudios Vater und fühlte sich von ihm mit dem Kind allein gelassen. Der Mann hatte mittlerweile eine andere Frau kennen gelernt, die ebenfalls bald schwanger wurde. Claudio hatte seine Halbschwester und ihren Vater nur ein einziges Mal flüchtig gesehen, als er noch ein Kind war.

Claudio wuchs mit seiner Mutter und seinem Stiefvater auf. Aus dieser Ehe der Mutter stammen noch drei Kinder. Im ersten Bild der Familienaufstellung ging es der Stellvertreterin der Mutter sehr schlecht. Alle Kinder hielten sie, damit sie nicht verschwand. Der Stiefvater fühlte sich überflüssig, weil alle nur auf die Mutter schauten.

Auf Nachfrage erzählte Claudio von einem früheren Verlobten der Mutter. Die Mutter hätte ihn geheiratet, wenn er nicht im Krieg gestorben wäre. Als er aufgestellt wurde, zog es die Mutter sofort von den Kindern weg zu ihm. Beide lächelten sich an. Die tiefe Liebe zwischen beiden war unübersehbar. Den Kindern ging es besser, nachdem die Mutter sie verlassen hatte und zu ihrem Verlobten gegangen war.

Im dritten Bild kam Claudios leiblicher Vater mit der jetzigen Ehefrau und der Halbschwester Claudios hinzu. »So viele Männer meiner Mutter«, reagierte Claudios Stellvertreter verwirrt. Es stellte sich heraus, dass Claudios Vater die Mutter nicht »aus bösem Willen« im Stich gelassen hatte. Die Geschichten, die die Mutter früher erzählt hatte, waren falsch. In der Aufstellung sagte die Mutter zum Vater: »Du bist für mich gegangen, denn meine Liebe galt allein meinem Verlobten. Ich war nicht frei.« Der Vater hatte die Mutter geliebt, doch er hatte bei ihr keine Chance. Weder Claudios Stiefvater noch Claudios Vater wurden von der Mutter als Männer genommen.

Sobald Claudios Vater seinen Sohn ansah, wurde ihm warm ums Herz: »Ich empfinde eine so tiefe Liebe zu ihm.« Auch die Halbschwester reagierte sehr warmherzig auf Claudio, und auch die jetzige Frau des Vaters war wohlwollend. An dieser Stelle kam Claudio in seine eigene Position, und der Stellvertreter setzte sich. Claudio war überwältigt über die tiefe Zuneigung des Vaters. Er lehnte sich an ihn und überließ sich dem Schmerz, ihn stets vermisst zu haben. Vater, Halbschwester und die zweite Frau drängten ihn: »Du musst Kontakt zu uns aufnehmen. Unser Herz ist offen für dich.«

Die Mutter hatte aus der Ferne bewegt zugeschaut, wie Claudio seinen Vater umarmte: »Ich freue mich für ihn, dass er ihn endlich gefunden hat. Dort ist sein Platz.« In der Tat fand Claudio seinen Platz bei der Halbschwester, dem Vater und den Halbgeschwistern aus der späteren Ehe der Mutter. Die Mutter ließ Claudio und ihre anderen beiden Kinder bei ihren jeweiligen Vätern, die alle zusammen einen Halbkreis bildeten.

Nach der Aufstellung erzählte Claudio, dass für ihn besonders ein Satz in der Aufstellung wichtig gewesen war: »Liebe Mama, ich achte deine tiefe Liebe zu deinem verstorbenen Verlobten. Meine Liebe zu dir bleibt, auch wenn ich jetzt zum Papa und meinen Geschwistern gehe.« Er fühlte sich nun nicht mehr schuldig, wenn es der Mutter körperlich schlecht ging. Die Mutter war angesichts all dessen erleichtert.

Bezogen auf das Märchen, war der frühere Verlobte der Mutter einer der zwölf nächtlichen Prinzen, die am

Ende verwünscht wurden. Der Stiefvater und Claudios Vater waren in der Rolle des scheinbar glücklichen armen Soldaten, der die Frau bekam. Was das Märchen verschweigt, ist der Umstand, dass die Ehe des Soldaten mit der Prinzessin bald scheitert. Die Wirkung des tabuisierten »verwünschten Prinzen« ist so stark, dass er seine Frau auf Dauer nicht halten kann; sie nämlich zieht es unwiderstehlich zu ihrer ersten Liebe.

»Der Froschkönig oder Der eiserne Heinrich«: Wenn Männer »an die Wand geklatscht« werden

Zusammenfassung des Märchens

Die jüngste Tochter eines Königs war besonders hübsch. Beim Spielen am Brunnen verlor sie ihre goldene Kugel. Ein Frosch war bereit, sie ihr wiederzubeschaffen, doch nur unter der Bedingung, dass sie ihn als Gesellen und Spielkameraden annehme. Ihre Wertsachen, die sie ihm anbot, lehnte er ab. Ohne auf die Folgen zu achten, ließ sie sich schließlich auf seine Bedingungen ein. Sie verachtete jedoch den Frosch: »Er kann keines Menschen Geselle sein.«
Zu ihrem Leidwesen musste sich die Prinzessin nun bei

jedem Schritt und Tritt von dem Frosch begleiten lassen. Der Vater ergriff die Partei des Frosches und ermahnte seine Tochter, das gegebene Versprechen zu halten. Beim gemeinsamen Essen ekelte sie sich dann so sehr, dass ihr jeder Bissen im Halse stecken blieb. Als der Frosch auch noch mit ihr zusammen ins Bett wollte, steigerte sich ihr Unbehagen, doch der König ergriff wiederum seine Partei. Die Prinzessin fügte sich widerstrebend, doch dann warf sie den Frosch voller Wut an die Wand. Plötzlich stand ein schöner Königssohn vor ihr. Der Frosch war damit erlöst vom Fluch einer Hexe, die ihn verwünscht hatte. Der alte König beschloss, die beiden sollten heiraten.

Am anderen Tag fuhr eine prächtige Kutsche vor. Der alte Diener des Prinzen holte seinen Herrn ab. Er hatte sehr unter der Verwünschung seines Herrn gelitten. Als immer wieder ein Krachen zu hören war, als ob etwas zerbricht, bekannte der Diener Heinrich: »Es ist ein Band von meinem Herzen, das da lag in großen Schmerzen, als Ihr in dem Brunnen saßt, als Ihr eine Fretsche [ein Frosch] wast.«

Thesen zum »Froschkönig«

Wie Dornröschen gehört auch der »Froschkönig« zu jenen Märchen, bei denen es um Mann und Frau geht. Der »Froschkönig« hat verschiedene Hintergründe. Schon vom Titel her verweist er wie gesagt auf das zweigeteilte Märchen: »Der Froschkönig oder Der eiserne Heinrich« lautet nämlich der vollständige Name. Wenn dieses Märchen genannt wird, sagen die einen »Der Froschkönig« und andere »Der eiserne Heinrich«, so als ob es zwei verschiedene Märchen seien. Wie wir sehen werden, hat in der Tat jedes dieser beiden Märchenteile seine eigene Bedeutung.

Im ersten Märchenteil verhält sich eine Frau sehr kalt gegenüber einem Mann. Der an die Wand geworfene Frosch ist nämlich eindeutig ein Mann! Er will in ihr Bett, doch sie lässt es nicht zu. In Bezug auf die Familie dessen, der dieses Märchen nennt, kann man fragen: Welche Frau verweigert welchem Mann ihre Liebe? Welche Frau hat welchen Mann »kalt« behandelt? Die Mutter den Vater, oder hat die Mutter oder ein anderes weibliches Familienmitglied, zum Beispiel eine Großmutter, einen früheren Mann abgelehnt? All dies ist möglich.

Es ist auch denkbar, dass es im Familiensystem eine Liebe gibt, vor der sich jemand »ekelt«, eine Liebe, die nicht gewürdigt ist oder die jemand nicht wahrhaben will. In einem solchen Fall fühlt sich der Spätergeborene dieser fremden Person sehr nahe. Oft muss man jedoch nicht in der Ferne suchen, um die abgewertete Liebe zwischen Mann und Frau zu finden: Nicht selten betrifft es die eigenen Eltern. Typisch hierfür ist Jeannettes Fall (siehe unten).

Frauen, die das Märchen »Froschkönig« mögen, gehen

oft wenig rücksichtsvoll mit ihren Männern um. Eine Frau, die nach der für sie wichtigsten Szene aus diesem Märchen gefragt wurde, antwortete in einem Seminar: »Es ist die Stelle, wo die Prinzessin den Frosch an die Wand klatscht!« Auf den Hinweis, dass die Frösche letztlich die Männer sind, grinste sie genüsslich und antwortete: »Umso besser!« Später wurde deutlich, dass sie keinen Sex mehr mit ihrem Mann wollte und sich stattdessen einen Freund genommen hatte. Der Mann war ihr nicht mehr gut genug. Er musste auch ihre geballten Aggressionen aushalten, obwohl er ihr nichts angetan hatte. Im Herkunftssystem der Frau waren Männer genauso behandelt worden, wie sie nun mit ihrem Mann umging.

Der »Ekel« und die physische Abwehr vor dem Frosch im Märchen bezieht sich in den folgenden Lebens- und Familiengeschichten meist auf einen abgewerteten Mann im Familiensystem. Der »Ekel« besteht jedoch zu Unrecht. Wird die Bitte des »Frosches« um Beachtung erfüllt, kehrt Friede im Familiensystem ein, wie die folgenden Fallgeschichten zeigen.

Getrennt betrachten vom ersten Teil des »Froschkönigs« muss man den Schluss mit dem »Eisernen Heinrich«. Die Geschichte vom eisernen Heinrich beschreibt jemanden, dem es vor Schmerz fast das Herz zerreißt. Gibt jemand als Märchen den »Eisernen Heinrich« an oder erzählt er auf Nachfrage, dass ihn gerade der Schluss des Märchens beeindruckt hat, dann gibt es in der Familie ein schlimmes Trauma oder eine Häufung von schweren Schicksalen im Stammbaum, vor denen man die Augen geschlossen hatte. Es existiert eine Angst, dieses Schlimme anzuschauen, weil es einem fast das »Herz zerreißt«.

Dies trifft auch auf Marc (siehe unten) zu, dessen Geschichte schon hier erwähnt werden muss. In Marcs Familie war der Bruder der Mutter vergessen worden. In der Person dieses Onkels bündelt sich das Thema des Familienstammbaums: schwere Herzerkrankungen mit unerwartetem plötzlichem Tod. Auch Marc selbst litt viele Jahre an einer lebensbedrohlichen Herzerkrankung. Wie sich hier zeigt, können des eisernen Heinrichs »krachende« Herzensbänder, die unter Schmerzen zerreißen, zuweilen auch direkt auf das Organ Herz verweisen. Die möglichen buchstäblichen Bezüge sollten im Umgang mit Märchen nie als Möglichkeit aus den Augen verloren werden.

Lebensgeschichten zum »Froschkönig«

Jeannette

Jeannette litt unter Depressionen und Tablettensucht. In ihrer Geschichte ist es die Mutter, die nicht nur einem, sondern gleich zwei Männern einiges zumutet. Ein Liebhaber, den die Mutter zu Beginn der Ehe hatte, war völlig tabuisiert. Erst als Erwachsene hatte Jeannette erfahren, dass der, den sie immer als ihren Vater angesehen hatte, gar nicht ihr Vater war, sondern ebendieser frühere Liebhaber.

Die Mutter hatte während ihrer kinderlos gebliebenen Ehe einmal mit einem anderen Mann geschlafen und war prompt schwanger geworden. Einige Zeit hatte sie ihren Mann in dem Glauben gelassen, Jeannette sei sein Kind. Doch später beichtete sie ihm, dass es nicht von ihm war. Der Stiefvater bestand in der Folge darauf, dass man dem Kind nie sagen dürfe, dass er nicht der richtige Vater sei. In anderer Beziehung war dieser Mann weniger herzlos. Er pflegte die Mutter seiner Frau, als es mit ihr zu Ende ging, weil die Frau es nicht selber tun wollte. Die Mutter war auch in anderer Hinsicht kalt. Sie weigerte sich, ihre Tochter als Baby zu wickeln, da sie sich vor dem Kind ekelte; das Wickeln besorgten andere, meist der Stiefvater. Die Mutter wollte mit Jeannette so wenig wie möglich zu tun haben.

Als Jeannette im Erwachsenenalter von den Tatsachen erfuhr, wollte sie ihren leiblichen Vater kennen lernen, doch die Mutter verweigerte stets genauere Auskünfte darüber, wo er wohnte. Bei mehreren Anläufen stieß Jeannette immer auf Ablehnung. Für die Mutter war Jeannettes Vater ein dunkles Kapitel, über das sie niemals mehr reden wollte.

In ihrer Sehnsucht nach dem Vater steigerte sich Jeannette in eine Traumwelt hinein. In ihren Phantasien war ihr Vater nach Kalifornien ausgewandert. Dort zog es sie magisch hin. Sie glaubte, sie bräuchte nur dorthin zu fliegen, um ihn zu treffen. Eines Tages hatte Jeannette bei einer Entspannungsübung eine eindringliche Vision über ihren Vater: Sie sah, wie er in Kalifornien lebte. Nun hatte sie Gewissheit.

Mit dieser Gewissheit des sich vor Sehnsucht verzehrenden Kindes ging sie erneut zur Mutter: »Mama, ich weiß jetzt endlich, wo der Papa lebt. Er ist in Kalifornien, warum hast du mir das denn nie gesagt?«

Die Mutter lächelte: »Ach, Kind, er lebt doch nur hier am anderen Ende unseres Ortes!«

Wenn ein Kind so aufrichtig und sehnsuchtsvoll zu seiner Mutter geht, wird es ihr in den meisten Fällen schwer fallen, sich weiter zu verweigern.

Noch bevor Jeannette den Vater aufsuchen konnte, verstarb dieser jedoch. Abgesehen von der Verweigerungshaltung der Mutter, hatte sich Jeannette auch zu lange Zeit gelassen. In diesem Nichthandeln scheint die Liebe zur Mutter auf: Die Mutter lehnte Jeannettes Vater ab; in Solidarität zur Mutter nahm sich Jeannette zu lange Zeit, um den Vater endlich aufzusuchen. Jeannette glaubte, sie müsse ihrer Mutter die Treue halten.

Die im »Froschkönig« beschriebene heftige Ablehnung des Verwünschten, der physische Ekel vor ihm, bezieht sich in Jeannettes Fall auf das Verhalten der Mutter ihrem Freund (Jeannettes leiblichem Vater) und auch ihrem Ehemann gegenüber. Ihre Scham und ihre Ablehnung des Liebhabers gingen so weit, dass sie ihm ihre Schwangerschaft verschwieg. Dieser Mann hatte zeitlebens nichts von seiner Tochter gewusst. Er hatte später geheiratet und zwei Kinder gezeugt, doch von seinem ersten Kind Jeannette sollte er nie etwas erfahren. Jeannette trägt die Folgen dieses Verhaltens der Mutter. Doch nun hat sie wenigstens die Chance, ihre Halbgeschwister kennen zu lernen.

In der späteren Aufstellung der Herkunftsfamilie wurde das herzlose Verhalten der Mutter etwas verständlicher. Ihre Mutter, Jeannettes Großmutter, behandelte den Großvater ebenfalls recht kühl. Sie ging mit ihm um wie mit einem Dienstboten und nahm sich die Freiheit, sich einen Liebhaber zu halten. Die erste »kalte« Frau im Familiensystem war somit die Großmutter.

In der Aufstellung der Herkunftsfamilie war die Position von leiblichem Vater, Mutter, Stiefvater und Mutter bedeutsam: Die Mutter versteckte sich hinter dem Rücken des Stiefvaters und wollte Jeannette nicht anschauen. Jeannette wiederum stand vor ihrem Stiefvater. Diese schaute seinerseits äußerst freundlich in Richtung des leiblichen Vaters, der extrem weit ins Abseits gestellt worden war. Im Gegensatz zu seiner Frau »ekelte« es den Stiefvater nicht vor dem fremden Mann. In der Tiefe seines Wesens ist der Stiefvater solidarisch mit dem Vater des Kindes. In seiner Seele weiß er nämlich, dass die Ehe mit Jeannettes Mutter nur noch auf dem Papier steht; die Frau hätte mit dem

Kind die Ehe verlassen und zum Vater des Kindes gehen müssen.

Der Stiefvater nahm noch eine erotische Nähe zu Jeannette wahr. Die erotische Nähe zwischen Kind und Stiefelternteil ergibt sich aus der Konstellation: Die Ehe ist auf seelischer Ebene beendet; zwischen Mann und Frau besteht eine unüberwindliche Distanz. Da der Mann der Gehörnte ist, will Jeannette aus Liebe zur Mutter einen Ausgleich schaffen. Sie glaubt, dem fremden Mann etwas geben zu müssen, was die Mutter ihrem Ehemann vorenthält.

Der gute Platz für Jeannette war neben dem leiblichen Vater und ihren Halbgeschwistern. Vater und Tochter war die Existenz des jeweils anderen vorenthalten worden. Endlich konnte Jeannette ihren Vater nehmen. Sie ging nun weinend zu ihm und sagte ihm, wie sehr er ihr gefehlt hatte. Die Halbgeschwister waren davon gerührt. Sie waren der Ansicht, dass Jeannette sie suchen solle, denn sie brauchten den Kontakt zu ihr.

Schließlich sagte Jeannette noch zu ihrer Mutter: »Du hast ihn mir immer vorenthalten! Jetzt gehe ich zu meinem Vater. Was zwischen euch beiden war und was zwischen dir und meinem Stiefvater war, geht mich nichts an. Ihr müsst es allein ausmachen.« Die Mutter stimmte dem zu. Bewegt war sie noch von dem Satz ihrer Tochter: »Für mich als dein Kind war der Seitensprung ein Glück! Ich bin so froh darüber.«

Die Fortsetzung des Froschkönigthemas findet sich in Jeannettes Gegenwartssystem. Ihren Ehemann, den sie interessanterweise in manchen Situationen »Mein kleiner Froschkönig« rief, erfuhr ebenfalls wenig Mitgefühl. Jeannette machte ihn massiv für alle entstandenen Eheprobleme verantwortlich. Aus Liebe zu ihrer Mutter, die sich den Seitensprung nie verzieh, schaute Jeannette in ähnlich problematischer Sicht auf die Männerwelt wie ihre Mutter.

Interessant ist im Zusammenhang mit Jeannettes Fallgeschichte noch eine Untersuchung des britischen Sexualwissenschaftlers Robin Baker. Seinen Ergebnissen nach ist jedes zehnte Kind nicht von dem Vater, der glaubt, der Vater zu sein.[11] Dies zumindest ist das Ergebnis von sechzehn Vaterschaftsstudien, bei denen in fünfundzwanzig Jahren mehr als zehntausend Familien in Europa und den USA untersucht wurden. Nur vereinzelt ließen sich Abweichungen von diesen Zahlen feststellen, zum Beispiel in der Schweiz, wo nur jedes hundertste Kind bei einem Seitensprung gezeugt wurde, oder im Südosten Englands, wo jedes dritte Kind durch einen »Fehltritt« entstand.

[11] Beilage der *Süddeutschen Zeitung* vom 5. 2. 2000, S. 33.

Jürgen litt unter Neurodermitis und klagte über Probleme, auf Frauen zuzugehen. Er war als einziges Kind seiner Eltern aufgewachsen.

In der Aufstellung war der Vater eindeutig auf etwas unsichtbares Drittes orientiert. Wie sich zeigte, war er noch verbunden mit seiner ersten Frau, mit der er vor der Ehe mit Jürgens Mutter verheiratet gewesen war. Diese Frau war psychisch krank und litt unter Depressionen. Sie war wütend auf Jürgens Vater: »Du hast mich sehr verletzt, als du gegangen bist. Von Anfang an hast du von meiner Krankheit gewusst und dich dann einfach aus dem Staub gemacht. Nur aus Mitleid hast du mich genommen. Du wolltest mich nicht. Du hast mich abgelehnt.« Achtet also der Mann die Frau nicht? Schämt er sich dieser Liebe?

Eine wichtige Frage, die man hier stellen muss, lautet: Hat die Frau dem Mann dafür gedankt, dass er sie trotz ihrer schweren Krankheit genommen hat? Wenn ein Gesunder einen Kranken heiratet, ist das für den Kranken etwas Besonderes und nicht etwas Selbstverständliches, denn der andere verzichtet damit auf vieles, was mit einem anderen, gesunden Menschen möglich wäre. In solchen Beziehungen ist das ausgeglichene Geben und Nehmen in der Regel nämlich nicht möglich. Der Kranke nimmt stets mehr, als er zurückgeben kann. Eine solche Schieflage ist auf Dauer schwer zu tragen, und viele Beziehungen scheitern daran. Doch auch in dieser Situation gibt es eine Lösung: Die Frau muss es eigens würdigen, dass der Mann sie genommen hat, sonst wird ihr Herz dem Mann gegenüber »kalt«. Als die Frau gefragt wurde, ob sie dem Mann gedankt hatte, senkte sie den Kopf, und der Mann verneinte es. Die Wut der Frau war Ersatz für das Nichtnehmen des Partners.

Wie auch immer der Konflikt zwischen Jürgens Vater und seiner ersten Frau beschaffen war: Ohne das Scheitern dieser Ehe hätte der Vater wohl nie zu Jürgens Mutter gefunden. Jürgen fühlte sich der früheren Frau des Vaters eng verbunden. Diese Identifikation mit einem früheren Partner der Eltern ist ein häufig anzutreffender Hintergrund der Neurodermitis.

Wenn jedoch ein Mann mit einer Frau identifiziert ist, dann ist etwas Weibliches in der Seele des Mannes, und daraus kann Homosexualität entstehen. Jürgen hatte etwas Weibliches. Er hatte immer schon homosexuelle Phantasien, doch bislang traute er sich nicht, sie auszuleben. Stärkend war hier der Satz zum Vater: »Lieber Papa, ich bin der Kleine, und du bist der Große. Was du mit deiner früheren Frau gehabt hast, geht mich nichts an. Sie [auf die Mutter zeigend] ist meine Mutter.« Und zur Mutter: »Liebe Mama, mit Papas erster Frau habe ich nichts zu tun. Nur du bist meine Mutter.« In der Regel kann das Kind durch diese Sätze seine richtige Rolle wieder einnehmen; es muss nicht mehr den früheren Partner oder die Partnerin ersetzen und kann wieder ganz Kind werden. Die Neurodermi-

tis wird sich dann in vielen Fällen rasch verabschieden.[12]

Jürgen war jedoch »hochmütig« vor seinen Eltern und
wollte noch nicht in die Lösung gehen. Er sagte ihnen:
»Bitte gebt mir noch etwas Zeit.« Die Eltern stimmten
dem zu. Am Schluss des Seminars deutete Jürgen auf
seine Hand. Dort sah man an einem Finger den Ehe-
ring der depressiven Frau seines Vaters, den der Vater
ihm einmal vor längerer Zeit gegeben hatte! Obwohl
Jürgen sie nicht kannte, war er aufs Tiefste mit ihr
solidarisch. Der Ring drückte dies auch äußerlich aus.
In vielen Fällen, in denen jemand einen Ring einer ihm
persönlich unbekannten Person des Familiensystems[13]
trägt, ist dies bedeutungsvoll. Allerdings sollte man
daraus keine Regel machen. Und es steht auch außer
Frage, dass Jürgen den Ring schnell seinem Vater
zurückgeben muss. Aus dieser früheren Ehe muss er
sich heraushalten.

In Jürgens Fall könnte man als Märchen »Dornröschen« vermuten. In der Tat geht es in beiden Märchen
um Nichtachtung von Partnern oder früheren Partnern. Typisch für den »Froschkönig« ist hier jedoch

[12] Die Neurodermitis kann auch andere psychische Ursachen haben.
Vgl. Thomas Schäfer: *Was die Seele krank macht und was sie heilt –
Die psychotherapeutische Arbeit Bert Hellingers*, München 2000,
S. 209.
[13] Meist wird übersehen, dass die erste Frau des Vaters ohne Zweifel
zum Familiensystem gezählt werden muss! Dies gilt selbst dann, wenn
er ihre Existenz seiner zweiten Frau und den Kindern verschwiegen
hat. In der Seele ist dieses Wissen vorhanden.

74

das »Nicht-Nehmen« des Mannes durch eine Frau, weswegen sie ersatzweise wütend wird. Auch die zweite Frau des Mannes hatte sich nicht getraut, den Mann zu nehmen, sie behandelte ihren Mann lieblos.

Katharina

Katharina ging es darum, ihre chaotischen Beziehungsmuster zu klären. Sie hatte eine Reihe von Jahren in einer lesbischen Partnerschaft gelebt. Mittlerweile jedoch zog es sie nicht mehr zu Frauen, sondern zu Männern. Zu ihrem Leidwesen waren diese Beziehungen nie von Dauer. Sie suchte sich stets Männer, die schon gebunden waren oder kein wirkliches Interesse an ihr hatten. Katharina erzählte, dass ihre Eltern ihr und ihrem älteren Bruder eine wenig liebevolle Zweisamkeit vorgelebt hatten. Die Mutter dominierte den Vater und zeigte ihm gegenüber wenig Gefühle. Die Erfahrung von Familienaufstellungen zeigt, dass Lesben nicht selten mit einem Mann im Familiensystem identifiziert sind. Wenn eine Frau mit einem Mann identifiziert ist, bringt dies meist Probleme mit der Geschlechtsidentität und der Partnerschaft mit sich. In einer Aufstellung mit Symbolen wurde schnell deutlich, dass die Mutter instabil stand. Sie sehnte sich nach ihrem Bruder, der im Krieg im Alter von wenigen Monaten verhungert war. Ferner zeigte sich, dass Katharina ihrer Mutter diesen toten Bruder ersetzte, während es Katharinas älterem Bruder etwas besser ging als ihr. Katharina war intensiv mit ihrem Onkel verbunden: In ihr befand sich somit eine männliche Kraft! Katharina verbeugte sich mit der Mutter vor ihrem Onkel, wobei sie beide sein Leben und sein Schicksal – den Hungertod – achteten. Nachdem Katharina einen tieferen Kontakt zu ihrem Onkel hergestellt hatte, wandte sie sich ihrer Mutter zu und sagte: »Deinen Bruder konnte ich dir nie ersetzen! Jetzt bin ich ganz deine kleine Tochter, nicht dein Bruder.«

Im Schlussbild dieser Aufstellung stand der Onkel neben der Mutter, die sich wiederum neben dem Vater befand. Katharina und ihr Bruder standen den Eltern gegenüber, doch ein wenig mehr auf Vaters Seite. Ganz neu und Kraft spendend war jetzt für Katharina der Satz zum Vater: »Wenn ich auf dich schaue, fühle ich mich sicher.« Auf dem Symbol der Mutter konnte man wahrnehmen, dass diese dem Ganzen zustimmte. Sie hatte dem Vater meist die kalte Schulter gezeigt und ihn nie ganz als Mann genommen; für sie zählte nur die Liebe zu dem verstorbenen Bruder. Somit war es in diesem Beispiel der eigene Vater, der von der Mutter wie der Frosch im Märchen behandelt worden war. Mit dem aufgestellten Bruder der Mutter konnte man bei ihr wieder Wärme in der Beziehung zum Mann wahrnehmen.

Wenn die Mutter ihren toten Bruder in ihr Herz nimmt, dann kann sie ihrem Mann kraftvoll sagen: »Ich bleibe bei dir!« Ohne dieses Hinzunehmen des Bruders zieht es sie von Mann und Kindern weg. Doch nicht in allen Fällen ist eine solche Lösung möglich. Nicht selten ist der Sog von den Lebenden zu den Toten stärker. Dann muss man den, der gehen will, in Liebe ziehen lassen.

Von der »Logik« der Geschlechter, so wird manch einer hier einwenden, hätte sich doch Katharinas Bruder dem Onkel nahe fühlen müssen und nicht seine Schwester. Doch Identifizierungen folgen keinem Muster und keiner Logik. Man kann nie voraussehen, welches Kind etwas Bestimmtes im Familiensystem aus Liebe übernimmt.

Marc

Marcs Lieblingsmärchen war ebenfalls der »Froschkönig«, wobei sein Herz für die Schlussepisode mit dem »Eisernen Heinrich« schlug. Wie schon weiter oben angedeutet, muss es beim Froschkönig nicht immer um abgewertete Männer gehen.

Marc interessierte sich besonders für die Figur des eisernen Heinrich, dessen Herz so stark schmerzte, dass es zu »zerspringen« drohte. Meist werden solche Szenen in der modernen Märchendeutung ausschließlich symbolisch gesehen. Marcs Faszination dieses Märchens hängt aber gerade mit den geschilderten Herzbeschwerden des eisernen Heinrich zusammen.

Als Kind und Jugendlicher hatte Marc stets den Tod vor Augen. Er war mit einem schweren Herzfehler auf die Welt gekommen. Die Ärzte sagten damals, dass man ihn erst als jungen Erwachsenen operieren könnte; man machte den Eltern jedoch nur wenig Hoffnung, dass er bis dahin noch leben würde.

Heute ist Marc völlig gesund. Entgegen allen Prognosen hat er es geschafft. Die gelungene Operation, bei der vorgesehen war, dass er kurze Zeit klinisch tot sein musste, lag schon einige Jahre hinter ihm. Musste er sich als Kind immer schonen, so sagen ihm die Ärzte heute, dass er alles tun und lassen kann, was er will. Doch immer, wenn er im Fernsehen etwas über Herzkrankheiten sieht, wird ihm regelmäßig schlecht. Außerdem spürt er, dass er in keiner Weise im Leben steht: Er wirkt schwach und kraftlos, und auch auf seine Partnerschaft hat er sich noch nicht ganz eingelassen.

Es war klar, dass man mit Marc auf zweierlei Art arbeiten musste. Einerseits war zu prüfen, wie er mit den Familienmitgliedern verbunden war, die an Herzkrankheiten gestorben waren. Andererseits musste hier ein Weg gefunden werden, dem Trauma des klinischen Todes und einer Kindheit, die permanent mit dem Tod konfrontiert war, neu zu begegnen.

Die Sitzungen mit Marc zeigten, dass die schwere Krankheit als Kind auch einige »Vorteile« gehabt hatte, von denen man sich nun verabschieden musste: Marc war das jüngste von drei Kindern. Oft wird auf das »Nesthäkchen« mehr Rücksicht genommen, als für dieses Kind gut ist. Zusätzlich bewirkte die Krankheit, dass Marc immer im Mittelpunkt stand. Kann man einem Kind, das möglicherweise bald stirbt, einen Wunsch abschlagen? Welche Wirkung hat es auf die Psyche eines Kindes, wenn es stets im Zentrum der Familie ist und alles erhält, was es will? Es fällt dadurch völlig aus seiner eigentlichen Rolle heraus, es kann kein Kind mehr sein und fühlt sich verunsichert.

Auch schon ohne Therapie war Marc bewusst geworden, dass er sich zurückbewegen musste auf den bescheidenen Platz des jüngsten Kindes. Er hatte bereits in der Zeit nach der Operation eine gewisse Traurigkeit darüber bemerkt, dass er nun keinen Anspruch mehr darauf erheben durfte, von allen bevorzugt behandelt zu werden. »Es ist auch sehr schön gewesen, immer im Mittelpunkt zu sein«, sagte Marc. Die »Vorteile« des Krankseins mussten der neuen Gesundheit nun geopfert werden. Viel entscheidender aber war, dass für das Schicksal, gesund geworden zu sein, niemand gedankt hatte, weder die Eltern noch Marc. Immer noch fühlte Marc um sich herum die Faszination des Todes.

Es folgten einige Sitzungen, in denen mithilfe des NLP (neurolinguistisches Programmieren) und der Traumatherapie[14] körperlich mit dem damaligen Trauma gearbeitet wurde. Marc wurde unter anderem zurückgeführt in jene Perioden seiner Kindheit, in denen es um seine Lebenschancen besonders schlecht stand. Bei

[14] Bewährt hat sich die Traumatherapie nach Dr. Peter Levine.

dem imaginativen Eintauchen in die vielen medizinischen Traumata, zum Beispiel eine Schocksituation nach einer Spritze, ging es intensiv um die Auseinandersetzung mit Ekel und Todesangst. Sobald Marc an bestimmte Szenen dachte, wurde ihm schlecht, es stellte sich ein Druckgefühl im Brustkorb ein, der Körper fing an zu zittern.

Traumatherapeutisch ist es wichtig, diese Erinnerungen nicht zu stark werden zu lassen, sondern solche Bilder mit heilenden Vorstellungen zu verbinden. Imaginativ ging Marc zum Beispiel als Erwachsener zu dem körperlich leidenden Kind und sagte ihm: »Am Ende hast du es geschafft! Es war nicht umsonst!« Oder ich forderte ihn auf, gleichzeitig eine starke positive Emotion aus seiner Kindheit mit in das traumatische Bild hineinzunehmen. Manchmal genügt schon die Frage: »Was hättest du damals als Kind gebraucht?«, verbunden mit einer ausführlichen Imagination dieser Vorstellung. Die Wirkung dieser Interventionen war körperlich abzulesen: Der Ekel ging zurück, der Körper entspannte sich, und Marc kam in einen guten Dialog mit sich selbst als krankem Kind.

Am Ende sah er sich dann zu jenem Zeitpunkt als Erwachsener, als die Ärzte ihm nach der Operation versicherten, dass er jetzt ganz gesund sei. Den Eltern zugewandt, sprach er: »Liebe Mama, lieber Papa. Ihr habt so viel mit mir gelitten. Es war nicht umsonst! Ich bin jetzt gesund. All die schlimmen Situationen habe ich erlebt, doch jetzt habe ich es überstanden – mit eurer Hilfe.« In Gedanken umarmte er seine Eltern innig und weinte.

Den Schluss dieses therapeutischen Abschnitts bildete eine Übung mit Symbolen. Dabei wurden das Schicksal und Marc aufgestellt. Marc wollte das Schicksal nicht anschauen. Er hatte vergessen, dafür zu danken, dass es gut ausgegangen war. Bei lebensbedrohlichen Krankheiten und Unfällen geschieht dies sehr oft. Statt zu danken, glaubt der Betroffene: »Eigentlich hätte ich ja tot sein sollen. Wie kann ich denn jetzt gut leben?« Genauso fühlt er sich dann auch im Leben. Er traut sich nicht, das wiedergeschenkte Leben ganz zu nehmen, ganz Ja dazu zu sagen.

Zunächst konnte Marc sich nur zögerlich dem Schicksal zuwenden. Im Verlauf von mehreren Schritten sagte er ihm schließlich: »Danke!«, und verbeugte sich tief vor ihm. »Aus deinen Händen nehme ich das Leben zum zweiten Mal. Endlich nehme ich meine Gesundheit. Ich mache was aus dieser Chance!«

Auf dem Symbol des Schicksals stehend, konnte man spüren, dass »es sich über diese Sätze freute«. Aus ähnlichen Aufstellungen in Gruppen sei noch ergänzt: In der Regel »freut sich das Schicksal« über eine solche Haltung. Doch wenn der Mensch es nicht schafft, für das geschenkte Leben zu danken, »macht das dem Schicksal nichts aus«: »Schade für ihn, aber es ist allein seine Sache. Ich leide nicht, wenn er es sich schlecht gehen lässt«, sagte während einer Gruppenaufstellung einmal ein Stellvertreter des Schicksals in einem ähnlichen Fall.

In einer weiteren Sitzung erzählte Marc, wie tief er sich mit seiner Mutter verbunden fühlte: »Ich traue mich nicht, in Urlaub zu fahren. Sofort bekomme ich dann ein schlechtes Gewissen. Ich fühle mich dann schlecht und kann den Urlaub nicht genießen.« Es wurde Zeit, die Verbindung zu seiner Herkunftsfamilie in einer Gruppe aufzustellen. Neben der Großmutter väterlicherseits, die an einem Herzinfarkt starb, war auch der Bruder der Mutter einer Herzkrankheit zum Opfer gefallen: Genau wie Marc hatte er schon als Kind einen schweren Herzfehler. Als Jugendlicher verstarb er plötzlich, als beim Baden sein Herz versagte. Überhaupt war die mütterliche Linie wesentlich mehr belastet als die väterliche: Von vierzehn Geschwistern der Großmutter überlebten nur fünf, die anderen starben alle im Kindesalter. Ein Fall darunter war tragisch. Die Großmutter musste als älteres Kind eines ihrer jüngeren Geschwister hüten. Dabei fiel dieses versehentlich in die offene Feuerstelle und starb an den Folgen der Verbrennungen.

In der Aufstellung zog es die Mutter aus dem System. Fast allen Beteiligten, auch Marcs Geschwistern, ging es schlecht. Als der im jugendlichen Alter an einer Herzkrankheit verstorbene Bruder der Mutter hinzukam, entspannte sich die Lage. Doch es mussten anschließend noch die Mutter der Mutter und ihre neun (!) früh verstorbenen Geschwister hinzukommen. Das wichtigste dieser Kinder war jenes Mädchen, das im Feuer ums Leben kam. Die Großmutter fühlte sich zutiefst schuldig an diesem Tod und wurde danach ihres Lebens nicht mehr froh. Das betrübte das tote Kind sehr, denn es hatte mit seinem Schicksal Frieden geschlossen und machte niemandem einen Vorwurf. Schließlich konnte die Großmutter dann doch noch ihrer jüngeren Schwester sagen: »Es war ein Unfall. Ich lebe mein Leben im Angesicht deines frühen Todes, und irgendwann komme ich auch.« Davon waren beide sehr bewegt.

Diese Sätze hatten eine stabilisierende Wirkung auf Marcs Mutter. Jetzt konnte sie ihren Sohn Marc vor den Onkel führen. Die Mutter hatte damals unter dem Tod ihres Bruders sehr gelitten und ihn nie verkraftet. Dass nach dem Tod des herzkranken Bruders nun auch noch ihr Sohn eine lebensbedrohliche Herzkrankheit hatte, war ein schwerer Schlag für sie gewesen.

Sie ließ nun ihrer Liebe zu dem Bruder freien Lauf und stellte ihm Marc vor. Schon zu einem früheren Zeitpunkt der Aufstellung konnte man die tiefe Verbindung Marcs zu seinem Onkel erkennen: Sie blickten sich innig an. Bewegt sagte Marc nun zu ihm: »Lieber Onkel, ich gebe dir die Ehre. Du warst herzkrank wie ich. Du bist daran gestorben. Ich war auch herzkrank und wäre fast daran gestorben. Bitte schau freundlich auf mich, wenn ich jetzt gesund bin. – In meinem Herzen bist du immer da.« Der Satz »In meinem Herzen bist du immer da« wird in Familienaufstellungen häufig gesprochen, weil damit die Erinnerung an den Toten zum Ausdruck kommt. Doch in diesem Fall hatte es eine besonders tiefe Wirkung, denn es war ja eine Herzkrankheit, die die beiden so innig verband.

Der Onkel stimmte den Sätzen voll zu und freute sich. Für Marc war hier von besonderer Bedeutung, dass die Solidarität dem Onkel gegenüber nicht darin bestand, ebenfalls krank zu sein und zu leiden, sondern dessen Zustimmung zu seiner Gesundheit zu erhalten.

Wer beim »Froschkönig« den Akzent auf den »Eisernen Heinrich« legt, in dessen Stammbaum können schwer wiegende Erkrankungen oder andere Belastungen zu finden sein, die einem das Herz tief schmerzen lassen. So buchstäblich wie im vorliegenden Fall verhält es sich allerdings selten. Doch auch ohne den herzkranken Onkel sind die Schicksale der neun früh verstorbenen Kinder und vor allem des im Feuer umgekommenen Kindes so lang anhaltend wirksam für die Familie, dass jener Ausspruch des eisernen Heinrichs dieses Schwere angemessen umschreibt.

Lydia (aus einem Gespräch)

Lydia war in der Kindheit stets fasziniert von dem Märchen »Der eiserne Heinrich«. Der erste Teil des Märchens, »Der Froschkönig«, spielte in ihrer Erinnerung keine Rolle. Ähnlich wie Marc litt auch Lydias Mutter an einem angeborenen Herzdefekt, einem

Herzklappenfehler. Wenn Lydia auf ihre Kindheit zurückblickt, wird es ihr schwer. Sie erinnert sich an eine Mutter, die über viele Jahre zwischen Leben und Tod schwankte, bis sie tatsächlich starb.

Nadine (aus einem Märchenseminar)

Auch Nadine sprach nie vom »Froschkönig«, sondern vom »Eisernen Heinrich«. Sowohl von väterlicher als auch von mütterlicher Seite wusste sie von Schwerem zu berichten. Die Mutter hatte drei Geschwister früh durch Krankheiten und Totgeburt verloren, darunter männliche Zwillinge.

Nadines Vater hatte vor der Mutter eine französische Geliebte gehabt, die ebenfalls Nadine hieß. Sie war in der »Resistance« tätig und wurde von deutschen Soldaten ermordet. Obwohl der Vater nie über die Verlobte sprach, hatte Nadine immer gespürt, dass das Schicksal dieser Frau dem Vater das Herz gebrochen hatte. Zur Erinnerung an die Geliebte hatte sie auch deren Namen erhalten.

»Die wilden Schwäne«: Die missachteten Kinder aus der früheren Ehe des Partners

Zusammenfassung des Märchens

Ein König, der Witwer war, hatte elf Söhne und eine Tochter mit Namen Elisa. Allen Kindern ging es gut. Eines Tages heiratete der König eine Königin, die mit seinen Kindern aus früherer Ehe sehr böse umging. Die böse Königin sorgte dafür, dass Elisa zu einem Bauernehepaar weggegeben wurde. Die elf Brüder verwandelte sie mit ihren Zauberkräften in Schwäne. Als Elisa fünfzehn Jahre alt wurde, sollte sie nach Hause an den Hof kommen. Da die Königin aber sah, wie schön Elisa war, wurde sie ihr gegenüber hasserfüllt und hätte sie am liebsten in einen Schwan verwandelt wie ihre Brüder. Doch das ging nicht, weil der König seine Tochter empfangen wollte. Mit ihrem Hexenzauber wollte sie sie im Gesicht entstellen, das aber gelang nur zum Teil.

Die Verwandlung der Tochter genügte, um den Vater zu erschrecken. Er meinte gar, es sei nicht seine Tochter. Niemand wollte sie wiedererkennen, außer dem Kettenhund und einigen Tieren. Da weinte Elisa und dachte an ihre Brüder, die alle verschwunden waren. Sie ging allein in den Wald, wo sie einer alten Frau begegnete, die elf Schwäne mit einer Krone auf dem Haupt gesehen hatte. Später verriet ihr eine wunderschöne Fee, wie sie ihre Brüder erlösen könnte. Nach einer Reihe von Abenteuern, zu denen auch ein langes Schweigegelöbnis Elisas zählte, konnte sie am Ende alle ihre Brüder von der Tiergestalt erlösen.

Thesen zu den »Wilden Schwänen«

Dieses Märchen von Hans Christian Andersen hat viele Parallelen zu Grimms »Die sechs Schwäne«. Dort handelt es sich um sechs Brüder und ein Mädchen. Auch in dem Grimm'schen Märchen ist es die zweite Frau des Königs, die die früheren Kinder nicht achtet. Der König fürchtet von Anfang an, dass diese Frau seine Kinder aus erster Ehe schlecht behandeln wird, und versteckt sie vor ihr. Nur allein besuchte er die Kinder. Doch nach einiger Zeit lüftet die Stiefmutter das Geheimnis und verwandelt die sechs Brüder in Schwäne. Ähnlich wie in dem Andersen-Märchen gelingt auch hier der Heldin am Ende die Erlösung ihrer Brüder.
In beiden Märchen geht es um die Kinder aus der ersten Ehe eines Mannes, die von der zweiten Frau, der Stiefmutter, abgelehnt werden. Die Stiefmutter hat keine Achtung gegenüber der ersten Frau des Mannes und verbietet ihrem Mann sogar den Kontakt zu seinen Kindern; sie sorgt dafür, dass die Kinder außerhalb der Familie aufwachsen müssen, zum Beispiel in Internaten oder Heimen. Das ist ein schwerer Verstoß gegen die natürliche Ordnung in der Familie. Dem

Mann nämlich stehen seine Kinder aus erster Ehe stets näher als seine zweite Frau. Nur wenn die Frau das achtet und auch die erste Frau respektiert, hat ihre Liebe eine Chance.

Wenn jemand dieses Märchen nennt, kann es sein, dass er selbst die Situation Elisas erlebt hat. Es ist auch möglich, dass er sich mit jemandem im Stammbaum verbunden fühlt, der dieses Schicksal hatte. In dem ersten nun folgenden Beispiel von Johannes sehen wir, dass die Geschlechtsrollen getauscht sind: In Johannes' Familie geht es um den ersten Ehemann der Großmutter mütterlicherseits und dessen Tochter.

Lebensgeschichten zu den »Wilden Schwänen«

Johannes

Johannes ist Mitte dreißig und noch ledig. Er hatte Maschinenschlosser gelernt und diesen Beruf nur lustlos einige Jahre ausgeübt. Jetzt ist er arbeitslos und überlegt sich, welche anderen befriedigenden beruflichen Möglichkeiten es noch für ihn gäbe. Im Gespräch gibt er jedoch ganz offen zu: »Wenn ich tief in mich hineingehe und mich frage, was ich will, kommt ein großes ›Nichts‹! – Ich glaube, ich kann auswählen, was ich will, am Ende wird es mir wieder nicht gefallen. Eigentlich will ich gar nichts. Am liebsten würde ich als Landstreicher durch die Welt ziehen.« Dann fügte er noch hinzu: »Seit zwei oder drei Jahren habe ich das Gefühl, dass ein Tod bei einem Verkehrsunfall gar nicht so schlecht wäre.«

Er berichtete, dass er häufig Tagesphantasien habe, dass diese oder jene Situation im Alltag doch vielleicht auch zum Tod führen könnte, zum Beispiel wenn die Bremsen des Autos plötzlich versagten. Nachdem ihm langsam zu Bewusstsein gekommen war, wie lebensmüde er geworden war, verbot er sich diese Phantasien: »Aber ich spüre, sie sind nur unterdrückt. Sie kommen doch immer wieder durch.«

Sein Anliegen für eine Aufstellung mit Symbolen war es, dieser Lebensmüdigkeit nachzuspüren. In der Aufstellung wurden Vater, Mutter, jüngere Schwester und er selbst aufgestellt.

Die jüngere Schwester Johannes' war psychotisch und schon mehrmals in stationärer psychiatrischer Behandlung gewesen. Sie war in der Aufstellung mit dem Vater verbunden, an dessen Seite die Großmutter (Mutter des Vaters) zu stehen kam, die manisch-depressiv war. Die Schwester litt mit ihr. Doch auf Johannes' Symbol war keinerlei Veränderung zu spüren, nachdem diese Großmutter hinzugekommen war. Johannes zog es auf Mutters Seite.

Mütterlicherseits gibt es eine Geschichte, die Johannes erst einige Wochen vor der Sitzung erfahren hatte und die seine Todesphantasien verständlich werden lassen: Seine Mutter hatte noch eine Schwester, die mit ihr zusammen aufgewachsen war und die Johannes stets sehr gemocht hatte. Wie er nun erfuhr, handelte es sich jedoch um eine Halbschwester. Die Mutter der Mutter hatte vor Johannes' Großvater einen psychisch kranken Mann geheiratet. Die Nazis hatten ihn als »unwertes Leben« bezeichnet und vergast. Da die Großmutter sehr religiös war, wandte sie sich an den Papst um Auflösung der Ehe. Dies geschah auch. Anschließend heiratete sie ein zweites Mal und zeugte mit diesem Mann Johannes' Mutter.

In dieser Stieffamilie geschah nun Ähnliches, wie es im Märchen beschrieben ist. Der Großvater lehnte die Tochter seiner Frau aus erster Ehe ab. Er war sehr grob und streng und behandelte sie wie Dienstpersonal. Das ist in diesem Fall wörtlich zu verstehen, denn der Großvater besaß eine Gaststätte, und die Tante musste hier viel arbeiten. Anders als Elisa im Märchen musste die Tante zwar nicht außer Haus aufwachsen, doch ihr verstorbener Vater war genauso abgewertet und abwesend wie Elisas tote Mutter im Märchen. Die Tante lebte zwar mit Mutter, Halbschwester und Stiefvater unter einem Dach, doch sie fühlte sich wie in der Fremde, genau wie auch Elisa in der Fremde war. Niemand erwähnte im Haus den früheren kranken Mann der Frau, und auch über den Mord an ihm wurde nicht geredet. Das kirchliche Eheannulierungsverfahren unterstreicht ebenfalls die Abwertung dieses Familienmitglieds.

In der Aufstellung war Johannes überrascht, wie es

seine Großmutter zu dem Ermordeten in Liebe hinzog. Die Annullierung der Ehe und das Totschweigen des Mannes schienen keine Rolle mehr zu spielen. »Ich spüre viel Liebe zu ihm«, sagte Johannes erstaunt, als er auf dem Symbol der Großmutter stand. Nicht nur die Großmutter zog es zu ihm hin ins Jenseits, sondern vor allem Johannes' Mutter. Johannes wiederum wollte die Mutter zurückhalten und selber zu dem Ermordeten gehen; er stellte sich neben die Tante zu deren Vater. Nachdem Johannes mit seiner Mutter dem Ermordeten und der Tante die Ehre erwies und sich vor ihnen verbeugt hatte, konnte er zum ersten Mal lächeln. Er konnte spüren, wie er von der Hand des Ermordeten gesegnet wurde und wie dieser sich freute, als Johannes ihn und die Tante achtete: »Jetzt verstehe ich, warum ich diese Tante immer so geliebt habe«, sagte Johannes, »ich habe mich immer so fremd zu Hause gefühlt, so fremd, wie sie sich bei Großmutter und Großvater gefühlt hat.«

In weiteren Schritten konnte dann auch die psychisch kranke Mutter des Vaters hinzugenommen und ein Lösungsbild gefunden werden. Einige Zeit nach dieser Aufstellung meldete sich Johannes und berichtete, dass seine Todesphantasien nicht mehr wiedergekommen waren und er sich dem Leben wieder zugewandt fühlte.

Jurek ging es um die Loslösung von seiner Mutter. Obwohl er schon über dreißig Jahre alt war, lebte er noch mit ihr unter einem Dach und traute sich nicht, ein eigenes Leben zu führen. Als der Vater vor einigen Jahren verstarb, gab er ihm auf dem Sterbebett ein Geheimnis preis: Jurek hatte noch eine wesentlich ältere Halbschwester. Erst jetzt erfuhr Jurek, dass sein Vater vor der Mutter einmal verheiratet gewesen war. Jahre nach der Trennung von dieser Frau lernte der Vater Jureks Mutter kennen.

In einer Familienaufstellung stellte Jurek seine Eltern und sich auf. Die Eltern standen sich gegenüber wie ein geschiedenes Paar. Die Mutter schaute in eine bestimmte Richtung und fing an zu zittern. Jetzt stellte Jurek die Halbschwester und die erste Frau des Vaters hinzu. Er stellte sie genau an jene Stelle, wo die Mutter hingeschaut hatte. Die erste Frau und ihre Tochter fühlten sich sofort von der zweiten Frau des Vaters stark bedroht. Jureks Mutter fühlte sich gegenüber beiden Frauen schlecht.

Auf Befragen erzählte Jurek, der Vater habe nie mehr Kontakt zu seiner ersten Tochter gehabt. Er vermutete, dass die Mutter großen Druck ausgeübt hatte, damit der Vater die Verbindung zu seiner Tochter und deren Mutter abbreche und man so tun konnte, als hätte es die beiden gar nicht gegeben. Erfolgreich hatten Vater und Mutter Jurek das Halbgeschwister über so lange Zeit verschwiegen.

Die intensive Ausgrenzung der ersten Frau und deren Kind durch die zweite Frau als Thema des Märchens »Die wilden Schwäne« zeigte sich auch, als Jurek in der Aufstellung Kontakt zu der Halbschwester aufnahm. Die Mutter konnte das kaum aushalten. Erst als sie sich vor der ersten Frau tief verbeugte und ihr die Ehre erwies, fielen die körperlichen Symptome, die sie während der Aufstellung bekam, von ihr ab. Sie bestätigte, dass sie die beiden Frauen stets aufs Tiefste abgelehnt hatte. Sie stimmte nun zu, dass Jurek Kontakt mit seiner Halbschwester aufnahm: »Es tut mir immer noch weh, das zu sehen, aber ich spüre, dass es richtig ist, wenn die Kinder Kontakt haben.«

Als der ersten Frau des Vaters und Jureks Halbschwester der ihnen gebührende Platz eingeräumt wurde, ging es allen besser. Nur der Vater war völlig orientierungslos. Ihn zog es fort von allen: Er konnte zu keiner der Frauen und zu keinem der Kinder Nähe spüren, und auch umgekehrt hatten die Frauen ihm gegenüber wenig Gefühle, weder Wut noch Liebe. Die Vorwürfe der Tochter, dass der Vater sich nicht um sie gekümmert hatte, ließen ihn kalt. Auch sonst wirkte der Vater wie »eingefroren«. Nach Jureks Auskunft hatte der Vater kein schweres Trauma erlebt, und es waren aus seiner Familie auch keine Schicksalsschläge bekannt. Deshalb musste die Aufstellung an diesem Punkt beendet werden.

Oft kommt das Leben zu Hilfe, wenn eine wichtige Information fehlt. Nach der Aufstellung war Jurek auf einem Fest. Dort lernte er einen Mann kennen, der im Alter seines Vaters war. Er hatte sehr viele Ähnlichkeiten mit ihm. Traumatisch war für diesen Mann, was er im Krieg in Stalingrad erlebt hatte. Das Gespräch mit dem Mann bewegte Jurek tief. Sein Vater war sechs Jahre als Soldat im Krieg gewesen, und zwar ebenfalls in Stalingrad. Jurek erinnerte sich, dass der Vater einmal über das Schreckliche des Krieges gesprochen hatte, auch wenn er keine Details preisgegeben hatte. Es war dem Vater damals anzumerken, wie schlimm das alles für ihn gewesen sein musste.

Diese Information hatte in der Aufstellung gefehlt. Wer im Schützengraben liegt und seine Kameraden und Freunde sterben sieht, der fühlt sich meist solidarisch mit ihnen. Er fühlt sich schuldig, dass er noch lebt, wo doch so viele andere tot sind. In zahlreichen Seminaren konnte ich feststellen, dass die Kriegserlebnisse nicht selten schwerer wiegen als alles Familiäre. Wer dann nach der Gefangenschaft wieder in die Freiheit entlassen wurde und eine Familie gründete, der fühlte sich dennoch oft wie ein Toter unter Lebenden; er hat weder Frau noch Kindern viel zu geben, weil ihm alles zu schwer ist. Was hier den Kindern hilft, ist die tiefe Verbeugung vor dem Vater und all dem, was er an Furchtbarem im Krieg erlebt hat.

Mittlerweile hat Jurek Kontakt zu seiner Halbschwester und ihrer Mutter aufgenommen.

Rotkäppchen: Missbrauch

Zusammenfassung des Märchens

Ein kleines hübsches Mädchen wurde von allen sehr geliebt, besonders von ihrer Großmutter, die ihm ein rotes Käppchen schenkte. Eines Tages schickte die Mutter das Rotkäppchen mit Kuchen und Wein zur kranken Großmutter. Sie vergaß nicht, das Kind zu ermahnen: »Geh hübsch sittsam und lauf nicht vom Wege ab.«

Die Großmutter wohnte tief im Wald. Auf dem Weg traf Rotkäppchen den Wolf. Das Mädchen fürchtete den Wolf nicht und ließ sich von ihm ausfragen. Der Wolf jedoch dachte bei sich: »Das junge, zarte Ding, das ist ein fetter Bissen.« Er machte das Kind auf die schönen Blumen und den Gesang der Vögel aufmerksam, um es abzulenken. Rotkäppchen lief nun vom Wege ab und pflückte Blumen, wobei es immer tiefer in den Wald hineingeriet. Der Wolf jedoch ging geradewegs zur Großmutter und fraß sie auf. Mit ihren Kleidern legte er sich an ihrer Stelle ins Bett.

Als Rotkäppchen endlich eintrat, wunderte sie sich über die großen Augen, Ohren, Mund und Hände der Großmutter, und schnell hatte der Wolf auch sie gefressen. Nachdem der Wolf seine »Gelüste«[15] gestillt hatte, schlief er ein und schnarchte laut.

---

[15] So im original Märchentext.

Da kam der Jäger am Haus vorbei und wunderte sich darüber: »Finde ich dich hier, du alter Sünder«, sprach er zu dem Wolf und schnitt dem Schlafenden mit der Schere den Bauch auf. So konnten Rotkäppchen und seine Großmutter gerettet werden. Dem Wolf jedoch legte das Mädchen schwere Steine in den Bauch, und nachdem der Jäger ihn wieder zugenäht hatte, sank das Tier an der Last tot nieder.

Thesen zum »Rotkäppchen«

Menschen, die dieses Märchen angeben, waren und sind oft stark auf die Mutter ausgerichtet. Es existiert nicht selten eine erotische Nähe zwischen Kind und Elternteil oder Kind und Großeltern, zuweilen auch zwischen den Geschwistern. Auch sexueller Missbrauch kommt vor.

Nach Bert Hellingers Erfahrung handelt es sich bei diesem Märchen oft um die Verführung eines Mädchens durch den Vater der Mutter. Der böse Wolf ist also der Großvater mütterlicherseits. Dieses Märchen wird meiner Erfahrung nach häufig dann von Menschen ausgewählt, wenn es überhaupt eine Form von sexuellem Missbrauch im Familiensystem gibt – der Vater der Mutter kommt in der Praxis nur als eine Möglichkeit von mehreren infrage.

Der Missbrauch muss sich auch nicht immer auf den Betreffenden selbst beziehen, sondern er kann auch von einem Frühergeborenen erlebt worden sein, mit dem man mitfühlt. In manchen Fällen ist es nicht zu einem tatsächlichen Inzest gekommen, sondern es bestand nur eine erotische Nähe zwischen Mutter und Sohn oder Vater und Tochter.

Männer, die dieses Märchen angaben, identifizierten sich oft mit dem kleinen Mädchen. In ihrer Persönlichkeit haben sie bisweilen etwas Feminines: Wie bei »Hans im Glück« ist bei ihnen häufig eine zu intensive Mutterbindung und ein »Nicht-Nehmen« des Vaters zu beobachten. Für das spätere Partnerschaftsleben hat dies Folgen.

Lebensgeschichten zum »Rotkäppchen«

Regina

Regina litt unter Depressionen, außerdem hatte sie Diabetes. Einmal war sie von einem Unbekannten vergewaltigt worden. Sie hatte drei leibliche Brüder und eine Halbschwester aus der ersten Beziehung der Mutter. Die Halbschwester war nach sechs Monaten an einer Krankheit gestorben. Die Mutter hatte das Kind weggegeben und sich nicht mehr darum gekümmert. Was mit dem Mann geschehen war, wusste Regina nicht zu sagen.

In der Aufstellung zog es die Mutter mit aller Macht

weg zu dem toten Kind. Sie fühlte sich schuldig am Tod des Kindes, weil sie es weggegeben hatte. Doch die Liebe Reginas zu ihrer Mutter war unverkennbar. Sie wollte sie nicht gehen lassen und statt ihrer die Schuld tragen.

Seltsam war, dass der Vater und auch Reginas Stellvertreter von einem merkwürdigen »Kribbeln« sprachen, das sie spürten: »Es ist heiß zwischen uns«, sagte Regina. Sie erinnerte sich bewusst an keinerlei sexuellen Missbrauch, nur noch an eine erotische Spannung zwischen ihr und dem Vater. Von anderweitigem sexuellen Missbrauch in der Familie war ihr nichts bekannt. Die Ursache der erotischen Spannung in Reginas Fall ist plausibel: Die Mutter war noch stark an den Vater ihres ersten Kindes und an das früh verstorbene Kind aus dieser Partnerschaft gebunden; sie war nie wirklich offen für Reginas Vater. Wenn eine Frau für ihren Mann nicht offen ist, springt aus Liebe oft ein Kind ein und sucht die Nähe des Vaters. Systemisch gleicht das Kind die Situation auf diese Weise für die Mutter aus, und es kann zum Missbrauch kommen. Wenn das Kind sich später sexuell auffällig verhält, sagt es damit den Eltern: »Seht her, ich bin eine Nutte und selbst schuld am Missbrauch, ihr braucht kein schlechtes Gewissen zu haben. Ich trage es allein.« So tief ist die Liebe von Kindern zu ihren Eltern.[16]

[16] Ausführlich bin ich auf das Thema »sexueller Missbrauch« eingegangen im gleichnamigen Kapitel von *Was die Seele krank macht und was sie heilt*, München 2000, S. 103 ff.

Als in der Aufstellung die Kinder sich zum Vater stellten, ging es ihnen gut, und auch Reginas »Kribbeln« angesichts des Vaters verschwand. Nur die Halbschwester wollte bei ihrer Mutter bleiben. Nachdem Regina zur Schwester hingegangen war und ihr einen guten Platz in ihrem Herzen gegeben hatte, konnte sie sowohl die Mutter als auch die Schwester gehen lassen. Zur Mutter sagte Regina, nachdem sie mittlerweile den Platz ihrer Stellvertreterin persönlich eingenommen hatte: »Mama, ich bin nur ein Kind. Die Schuld in Bezug auf das Schicksal meiner Schwester lasse ich bei dir, denn ich kann es nicht tragen. Nun gehe ich zum Vater und zu meinen Geschwistern.« Die Mutter stimmte dem erleichtert zu. Sie und Reginas Halbschwester bewegten sich von den anderen immer weiter fort, während Regina zum Vater und zu den Brüdern ging.

Es sei noch erwähnt, dass auch in Fällen tatsächlichen sexuellen Missbrauchs durch den Vater der gute Platz beim Vater sein kann. Wenn der tatsächliche Zusammenhang offen gelegt wird, hört die erotische Spannung und die Gefahr des Missbrauchs sofort auf: Das Kind sagt dem Vater: »Ich hab's für die Mama getan – zum Ausgleich.« Wenn schlimmer Inzest stattgefunden hat, ist es notwendig, dass das Kind die Schuld beim Täter lässt. Ab einem bestimmten Grad von Traumatisierung jedoch kann das Kind oft keinen guten Platz mehr bei dem betreffenden Elternteil finden.

Mildred (aus einem Gespräch)

Bei Mildred, die dieses Märchen nannte, kam sexueller Missbrauch gleich mehrfach in der Familie vor: Der Vater der Mutter hatte lange Jahre Mildreds Mutter sexuell missbraucht. Desgleichen verging er sich an einem Stiefgeschwister der Mutter und auch Mildred selbst. Als Mildred in die Pubertät kam, beendete sie den Missbrauch, dem sie seit frühestem Kindesalter ausgesetzt war und den sie lange Zeit für etwas Normales hielt.

Isabel

Bei der Vorstellungsrunde eines Seminars erzählte Isabel, eine in Deutschland geborene Spanierin, dass sie immer noch unter dem schon lange zurückliegenden sexuellen Missbrauch durch ihren älteren Bruder leide. In ihrer Jugend kam es vor, dass sie vor ihm in ihr Zimmer flüchtete und wartete, bis wieder einer der Eltern die Wohnung betrat. Der Bruder hatte ihr stets gedroht: »Wenn du mich verrätst, bringe ich dich um.« Die Aufstellung zeigte, dass die inzestuöse Kraft von der Mutter herrührte. Isabels Bruder war innig mit ihr verbunden und verschob den Inzest auf seine Schwester. Mit aller Kraft versuchte der Bruder, seine Mutter am Gehen zu hindern. Die Mutter war ein Waisenkind gewesen. Drei ihrer Geschwister wurden in politischen Wirren als Kinder umgebracht, so dass die Mutter in der Aufstellung auf fünf tote Familienmitglieder schaute. Immer noch blickte die Mutter wie versteinert. Als jedoch ihrem Sohn die Tränen kamen, sagte sie: »Endlich kann ich fühlen. Ich habe mich wie eine Tote gefühlt, doch jetzt habe ich wieder etwas Leben in mir.«

Die Mutter führte ihre Kinder vor die fünf Toten, und alle gaben ihnen bewegt die Ehre. Danach sagte der Bruder: »Die sexuelle Anziehungskraft zu meiner Schwester ist jetzt weg.« Zu Anfang der Aufstellung hatte der Bruder noch ein starkes Vibrieren angesichts seiner Schwester wahrgenommen. Isabel konnte jetzt gut neben ihrem Bruder stehen. Im Lösungsbild standen die Kinder nahe bei ihrem Vater, während die Mutter mit ihren Verwandten Abstand zu Mann und Kinder benötigte.

Werner

Werner hatte seinen inzwischen neunjährigen Sohn nur bei der Geburt gesehen, seitdem nicht mehr. Er lebte von Petra, der Mutter des Kindes, seit ebendieser Zeit getrennt. In einer Aufstellungsgruppe bestand sein Anliegen in der Frage einer neuen Kontaktaufnahme zum Sohn.

Im ersten Aufstellungsbild waren Mann und Frau räumlich weit voneinander getrennt; der Sohn stand neben seiner Mutter. Er drehte seinen Kopf krampfhaft zur Mutter hin, damit er ja nicht den Vater zu sehen brauchte. Als Werner und Petra sich anschauten, baute sich schnell eine Spannung auf. Petra wurde auf ihren Partner wütend: »Wie konntest du mich mit dem Kind verlassen!« Werners Stellvertreter wusste nichts zu sagen und senkte den Kopf.

Nachdem dies ausgesprochen war, ging es dem Sohn Lukas etwas besser. Doch er hatte immer noch eine große Aversion gegen seinen Vater. Werner sah Petra an und sagte, indem er sich etwas vor ihr verbeugte: »Es tut mir Leid, sehr Leid.« Dies hatte allerdings nicht viel Kraft. Als Werners Eltern dazugestellt wurden, sah man, wem diese Verbeugung eigentlich galt. Werner hatte den Vater stets tief verachtet. In der Aufstellung lächelte er die Mutter selig an, vom Vater wollte er nichts wissen. »Mich zieht's zur Mutter«, sagte Werners Stellvertreter. Als er neben ihr stand, strahlte er sie an: »Ich bin wie ein Ehemann.« Ihm ging es nun scheinbar gut. Doch der Vater ballte wütend die Faust zusammen und murmelte etwas vor sich hin, was er da für einen Sohn habe. Auch Petra und Lukas schauten dem Ganzen mit Betroffenheit zu.

Die Stellvertreterin der Mutter meldete sich: »Ich fühle, dass es stimmt. Ich habe es genossen, dass er stets neben mir war. Aber er hätte durchaus zum Vater gehen können. Ich hätte ihn nicht gehindert.« Die Frage, ob in der Herkunftsfamilie der Mutter oder in der Geschwisterreihe Werners etwas Besonderes passiert sei, ob es zum Beispiel frühere Partner der Eltern gegeben habe, verneinte Werner. Sein Stellvertreter trat nun vor den Vater hin und machte die tiefstmögliche Verbeugung vor ihm, indem er sich hinkniete, den Kopf zum Boden richtete und die Handflächen nach oben hielt. Doch eine Reue darüber, wie er mit dem Vater umgegangen war, stellte sich nicht ein.

Petra und Lukas waren einhellig der Meinung, dass diese Verbeugung für sie etwas Heilendes habe. »Wenn er das wirklich tut, kann er als Vater zu mir kommen«, meinte Lukas. Werner kam nun selber in die Aufstellung, und sein Stellvertreter setzte sich wieder zur Gruppe. Werner fühlte sich ein und verbeugte sich vor dem Vater und sagte ihm: »Es tut mir Leid. Ich bin der Kleine, und ich mische mich in eure Ehe nicht ein.« Anschließend wandte er sich Petra und Lukas zu: »Wenn ich mich jetzt wieder bei euch melde, stehe ich zu meiner Schuld. Ihr müsst sie mir lassen. Und du, Lukas, brauchst mich als Vater. Ich habe dir noch etwas zu geben.« Diese Sätze hatten eine gute Wirkung. Doch es war auch deutlich, dass Werner erst am Anfang seines Weges zum Vater stand. Er zeigte wenig Betroffenheit und wirkte in seinem Verhalten noch distanziert.

Tage nach der Aufstellung rief Werner an und berichtete, wie dieses Bild auf ihn gewirkt hatte. Als er einmal still dasaß, wurde ihm bewusst, dass er immer die Schuld mehr der Freundin gegeben hatte als sich selbst. Er spürte, welche befreiende Wirkung es hatte, zu der Schuld einfach »Ja« zu sagen; er weinte sehr lange, wonach es ihm deutlich besser ging.

In Bezug auf seine Mutter fiel ihm erst jetzt ein, dass sie ihren Vater früh verloren hatte. Wer so vertraut neben der Mutter steht, wie Werner es in der Aufstellung getan hatte, muss für den Elternteil oft dessen Elternteil vertreten. Da er nach dem Seminar noch weitere wichtige Informationen über seine Eltern erhielt, nahm er sich vor, eine Aufstellung der Herkunftsfamilie folgen zu lassen.

Norbert (aus einem Gespräch)

In Norbert Familie ist sexueller Missbrauch vermehrt aufgetreten. Die Großmutter wurde von ihrem Schwiegervater (Norberts Urgroßvater) vergewaltigt, woraus ein Kind entstand, das von seiner wahren Herkunft erst Jahrzehnte später erfuhr. Norberts Mutter wurde von demselben Mann (Urgroßvater bzw. Großvater der Mutter) ebenfalls sexuell missbraucht. Norberts Vater hatte während des Krieges als Kind mehrere Missbrauchserlebnisse. Norbert erinnert sich nicht, von seinen Eltern missbraucht worden zu sein, doch er trägt noch Bilder in sich von einem sexuellen Vergehen während einer ärztlichen Untersuchung als Kind, unter der er immer noch leidet. Norbert ist fünfundzwanzig Jahre alt und hat bislang noch nie sexuelle Erlebnisse mit Frauen gehabt.

Söhne und Väter

»Der Wolf und die sieben jungen Geißlein«:
Der »böse« Papa

Zusammenfassung des Märchens

Es war einmal eine alte Geiß, die hatte sieben junge Geißlein. Als sie allein in den Wald Futter holen wollte, mahnte sie die Kinder: »Seid auf eurer Hut vor dem Wolf; wenn er hereinkommt, so frisst er euch alle mit Haut und Haar.« Sie erzählte noch, dass der Bösewicht sich oft verstelle, dass man ihn jedoch an seiner rauen Stimme und seinen schwarzen Füßen erkennen könne.

Als die Mutter weg war, klopfte es bald. Der Wolf wollte den Kindern weismachen, er sei die Mutter. Doch die Kinder erkannten ihn an seiner Stimme. Nun besorgte sich der Wolf Kreide, die er aß, so dass er eine hellere Stimme hatte. Erneut kam er an die Tür und erbat Einlass. Doch der Wolf hatte seine schwarze Pfote ans Fenster gelegt, woran die Kinder ihn erkannten. Erst als der Bäcker ihm die Pfote mit Mehl bestrich, machten ihm die Geißlein die Tür auf.

Obwohl sich die Geißlein schnell versteckten, fand der Wolf sie alle und fraß sie auf. Nur das Jüngste im Uhrkasten fand er nicht. Anschließend legte sich der Wolf draußen auf eine Wiese und schlief.

Bald danach kehrte die alte Geiß aus dem Wald heim. Sie war erschrocken, niemanden mehr anzutreffen. Nur das jüngste Kind im Uhrkasten rief nach ihr. Draußen fanden sie dann den laut schnarchenden Wolf. An seinem dicken Bauch konnte man sehen, wie die Kinder sich noch regten und zappelten. Da schöpfte die alte Geiß Hoffnung und schnitt ihm mit der Schere den Bauch auf. Nacheinander sprangen alle sechs Kinder völlig unversehrt heraus. Die Freude war groß, doch die Alte drängte zur Eile. Die Kinder schleppten Wackersteine herbei, die sie dem Wolf in den Bauch legten. Prall mit Steinen gefüllt, nähten sie dem Wolf den Bauch wieder zu.

Endlich hatte der Wolf ausgeschlafen. Er wollte aufstehen und am Brunnen seinen Durst stillen. Als die Steine sich im Bauch bewegten, rief er aus: »Was rumpelt und pumpelt in meinem Bauch herum? Ich meinte, es wären sechs Geißlein, so sind's lauter Wackersteine.« Als er an den Brunnen kam und sich bücken wollte, da zog ihn das Gewicht der Steine in die Tiefe des Brunnens, und er musste jämmerlich ersaufen. Die Geißlein aber tanzten vor Freude und riefen mit der Mutter: »Der Wolf ist tot! Der Wolf ist tot!«

Thesen zum
»Wolf und den sieben jungen Geißlein«

Nach Bert Hellingers Erfahrung hat dieses Märchen folgenden Hintergrund: Die Mutter sagt den Kindern: »Hütet euch vor dem bösen Papa!« Am Ende triumphiert im Märchen die Mutter mit den Kindern vor dem bösen Wolf. Im Familienleben allerdings rächt es sich, wenn ein Elternteil verteufelt wird:

Wenn sich dann beispielsweise die Mutter mit ihren Wertvorstellungen in der Erziehung der Kinder durchsetzt, dann folgt das Kind zwar vordergründig der Mutter, aber hintergründig ist es mit dem Vater solidarisch. Das Kind folgt auf einer Ebene dem, der sich durchsetzt, verwirklicht dann aber das Hintergründige, das nicht sein darf. Kinder wollen es in ihrer Liebe immer beiden Eltern recht machen. Dies geschieht unbewusst. Man kann dies auch als ein Sich-Verbünden mit dem unterlegenen Elternteil betrachten. Wenn zum Beispiel eine geschiedene Mutter zu ihrer Tochter sagt: »Werde ja nicht wie dein Vater! Der ist ein Versager. Der ist der Allerschlimmste!«, so solidarisiert sich das Kind mit dem Vater. Es kann gar nicht mehr anders als werden wie er. Wenn die Mutter sagt: »Du darfst werden wie ich, und du darfst auch werden wie dein Vater«, braucht das Kind die problematischen Seiten des Vaters nicht zu übernehmen. Wenn Eltern ihre Kinder aufmerksam anschauen, können sie erkennen, wo und wie sie von ihnen geliebt werden.[17]

Es kommt in vielen Familien vor, dass der Vater aus beruflichen oder anderen Gründen für längere Zeit von Frau und Kindern getrennt ist. Diese Trennung begünstigt die Ausgrenzung des Mannes.

Nicht selten findet sich die Ausgrenzung des Familienvaters in mehreren Generationen. Ein Mann, dessen wichtiges Märchen »Der Wolf und die sieben jungen Geißlein« war, wurde von seiner Frau stark abgewertet. Den drei Kindern vermittelte die Mutter, dass nur das etwas taugte, was von ihr kam. In der Herkunftsfamilie des Mannes machte es die Mutter mit seinem Vater nicht anders, und selbst die Mutter des Vaters grenzte auf dieselbe Weise den Großvater aus.

Bei dem »Wolf und den sieben jungen Geißlein« geht es um die Beziehungsstruktur in der Familie. Hellinger hat die Geschichte einmal auf folgende Weise neu erzählt:

Ich habe mir die Geschichte einmal anders ausgedacht: Der Wolf sagt nicht: Lasst mich rein. Sondern er sagt: Ich bin euer Papa! Ihr könnt mich ruhig reinlassen. Ich habe euch etwas mitgebracht. Daraufhin die sieben Geißlein: Nein, die Mutter hat das verboten. Du musst

---

[17] Zitat von Bert Hellinger, in: Johannes Neuhauser (Hg.): *Wie Liebe gelingt – Die Paartherapie Bert Hellingers*, Heidelberg 1999, S. 220.

erst beweisen, dass du unser Papa bist. Doch dann werden sie neugierig und lassen ihn rein.

Der Wolf setzt sich mit den sieben an den Tisch und packt aus, was er ihnen mitgebracht hat. Die Kinder freuen sich. Plötzlich kommt die Mutter, die Geißenmutter, zur Tür herein. Der Wolf sagt schlagfertig zu ihr: Du kannst dich ruhig dazusetzen![18]

Bert Hellinger hat darauf hingewiesen, dass man den Menschen zuweilen die Illusion über das Ende rauben muss. Das Bild des guten Endes wird eben durch die Wirklichkeit nicht bestätigt. Beispielsweise kann man das »Dornröschen« so erzählen, dass die Prinzessin am Schluss eine uralte Frau ist, an der die hundert Jahre nicht spurlos vorbeigegangen sind. Das Neu-Erzählen von Märchen dient dazu, Illusionen zu rauben und Wirklichkeit zu zeigen.

Lebensgeschichten zum »Wolf und den sieben jungen Geißlein«

Ulf

Ulf, ein junger Mann, klagte über Einsamkeitsgefühle und Kopfschmerzen, die ihn schon lange quälten. Er ist das mittlere von drei Kindern.

[18] Ebenda.

In der Aufstellung wurde deutlich, dass die Mutter auf etwas nicht Anwesendes konzentriert war und die Familie kaum wahrnahm. Nachdem ihre Eltern dazugestellt wurden, zeigt sich, dass Ulfs Großvater große Bedeutung hatte. Kurz nachdem er aufgestellt war, zitterte er und konnte sich kaum noch auf den Beinen halten. Er schluchzte auf und kniete sich hin, weil er niemanden anschauen konnte. Er fühlte sich körperlich sehr schwach. Auf die Nachfrage, was mit dem Großvater geschehen ist, erzählte Ulf von einer früheren Frau des Großvaters, von der er auch ein Kind hatte; Ulfs Mutter hat somit noch einen älteren Halbbruder aus der ersten Verbindung des Vaters. Als die beiden Fehlenden dazukamen, änderte sich jedoch nichts.

Es war klar, dass noch immer etwas Schwerwiegendes fehlte. Auf die Nachfrage, ob der Großvater eine Schuld auf sich geladen hatte, konnte Ulf nichts antworten. An einer solchen Stelle muss man eine Aufstellung abbrechen, denn mit bloßen Vermutungen über den Großvater kann man nicht weiterarbeiten. Unmittelbar vor dem Abbruch erzählte Ulf dann noch das Wesentliche: Sein Großvater war in verantwortlicher Stellung bei der SS gewesen. Aus Scham hatte Ulf es verschwiegen, doch das aufgestellte Familiensystem zeigte deutlich, dass man ohne diese Information nicht fortfahren konnte. Als Kind hatte der Großvater dem Enkel viele Details aus seiner SS-Vergangenheit erzählt. Ulf belasten die Erinnerungen an diese Geschichten noch heute.

Als nächster Schritt kamen mehrere aus der Gruppe ausgewählte Opfer der SS in die Aufstellung hinein. Als sie neben dem Vater standen, atmeten die Mutter und auch Ulf sowie seine Geschwister auf. Der Großvater hatte nun plötzlich die Kraft, aufzustehen. Er wollte die Ermordeten aber nicht anschauen: »Ich fühle eine tiefe Schuld, doch ich will nicht hinsehen«, sagte er. Die Opfer blickten nur auf ihn und interessierten sich nicht für die anderen Familienmitglieder.

Den Täter und die Opfer zog es langsam von der Familie weg, doch Ulfs Mutter fing heftig an zu weinen. Sie wollte zu ihrem Vater, und auch Ulf reagierte intensiv auf das Weggehen des Großvaters. Es zeigte sich, dass die Mutter für ihren Vater die schwere Schuld trug. Der Vater war jedoch erst entlastet, als die Tochter ihn mit den Opfern ziehen ließ. Die Tochter, Ulfs Mutter, hielt den Vater sehr lange umklammert. Sie liebte ihn sehr. Indem sie die Liebe und den Schmerz zu ihm ganz zuließ, konnte sie ihn am Ende auch gehen lassen und sich zu ihrer Mutter, ihrem Mann und ihren Kindern stellen.

Auch Ulf ging zum Großvater. Er hatte ihn immer gemocht. Nun sagte er ihm: »Lieber Opa, ich bin nur dein Enkel. Was du mir aus der Kriegszeit erzählt hast, gebe ich dir jetzt zurück. Ich werde es vergessen; das Gute jedoch, das ich von dir erhalten habe, werde ich in Erinnerung behalten.« Dem stimmte der Großvater zu, und Ulf ging wieder in die Geschwisterreihe zurück.

Den Großvater erleichterte es, die Tochter (Ulfs Mutter) seiner Frau anzuvertrauen und mit den Opfern den Raum zu verlassen. Während die Aufstellung ihren weiteren Verlauf nahm, kamen Täter und Opfer in einen langsam sich aufbauenden Kontakt. Je länger der Großvater mit ihnen vor der Tür stand, desto mehr spürte er, dass er die Opfer brauchte und dass er ihnen in die Augen schauen musste. Doch er hatte eine große Angst und schaute nur an ihnen vorbei. Die Opfer bestätigten, dass ein Prozess mit ihrem Peiniger in Gang gekommen war, doch dies sei alles erst der Anfang eines längeren Weges.

In der zurückgebliebenen Familie zeigte sich jetzt das typische Skript des Märchens: Ulf protestierte, als er und die Geschwister an Vaters Seite sollten: »Der ist doch viel zu schwach. Wir müssen zur Mutter!« In der Tat hatte die Mutter den Vater stets schlecht gemacht und den Kindern vermittelt, dass, was vom Vater kommt, nichts taugte. Doch als nun der Vater des Vaters hinzugenommen wurde und Ulfs Vater von seinem Vater die Kraft nahm, hatte Ulfs Mutter wieder Achtung vor ihrem Mann. Ulfs Vater war froh, als die Kinder an seine Seite kamen, und auch die Mutter stimmte dem zu: »Ihr dürft vom Vater genauso nehmen wie von mir, und bei ihm seid ihr sicherer als bei mir.« Nur beim Vater sind die Kinder vor den Belastungen aus der mütterlichen Familie geschützt. Ulf und seinen Geschwistern ging es nun neben ihrem Vater, der Mutter und Großmutter gut.

112

Endlich konnte Ulf auch mit dem Vater Kontakt aufnehmen.

An der Geschichte von Ulf lässt sich zeigen, dass die Lebensskripte, die wir in den Märchen finden können, nicht immer das Entscheidende in Bezug auf problematische Verstrickungen sind. Im vorliegenden Fall war Mutters »Nur von mir, nicht jedoch vom Papa dürft ihr nehmen« zwar lösungsverhindernd, weil die Kinder auf des Vaters Seite mussten; doch die wichtigste Dynamik bezieht sich auf den Großvater, der bei der SS war.

Meinrad (aus einem Märchenseminar)

Meinrads Vater musste aus beruflichen Gründen oft für längere Zeiten außer Haus sein. Er war im Außendienst einer Handelsfirma beschäftigt. Die Abwesenheit des Vaters findet man wie gesagt oft bei Menschen, denen dieses Märchen wichtig ist. Meist verteufelt noch die Mutter den Vater vor den Kindern. Daran kann sich Meinrad jedoch nicht mehr erinnern, wenn er an seine Kindheit zurückdenkt. Meinrad erzählte aber, dass die Mutter zu den heute erwachsenen Kindern oft sagt, dass alles, was vom Vater kommt, keinerlei Wert habe und dass nur gut sei, was von ihr selbst komme.

Eigentlich hatte Josef kein spezielles Anliegen, das ihn zu mir führte. Er war nur teilnehmender Beobachter eines Seminars und begleitete seine Freundin, die ihre Familie aufstellen wollte. Zu Beginn tat sich Josef schwer, in die fremden Rollen zu gehen; er hatte damit mehr Schwierigkeiten als die anderen in der Gruppe. Josefs Apathie wich jedoch von Aufstellung zu Aufstellung. Er konnte sich immer besser in fremde Schicksale einfühlen. In dem betreffenden Seminar wurde er des Öfteren Zeuge, wie Männer ihre Väter als Väter nahmen, und er wurde auch selbst in die betreffenden Sohnrollen gewählt. Dies bewegte ihn sehr.

»Mein Vater ist immer sehr unfreundlich zu meiner Mutter. Ich leide darunter«, sagte Josef, als er sich am Ende des Seminars doch noch zu einer Aufstellung meldete. Sein Märchen vom Wolf und den sieben Geißlein hatte die Mutter oft zu Hause erzählt. Es war das daheim am meisten erzählte Märchen. Auch seine sechs Geschwister kannten dieses Märchen in- und auswendig.

In der Familienaufstellung wurde deutlich, dass die Unfreundlichkeit des Vaters gegenüber der Mutter nur eine Folge von deren Verhalten war. Sie wertete den Vater oft ab und sah nicht ihren eigenen Anteil an den Eheproblemen: Die Mutter hatte eine früh verstorbene behinderte Schwester, an der sie hing. Im Angesicht des Leides ihrer Schwester traute sie sich nicht, ihren

Mann als Mann zu nehmen. »Begünstigend« war hier auch, dass der Vater als Fernfahrer oft für längere Zeiten abwesend war, so dass er sie und die Kinder nur selten sah. In die Rolle des »Seelentrösters« sprang Josef. Er und seine Geschwister erhielten von der Mutter die Botschaft, dass der Vater nichts tauge, obwohl in Wirklichkeit sie es war, die ihn ablehnte.

In der Aufstellung, die hier nur auszugsweise geschildert wird, fiel es der Mutter nicht leicht, den Sohn zum Vater gehen zu lassen, doch am Ende war sie erleichtert, als der Sohn sich vor dem Vater hinkniete. »Endlich darf ich zu dir!«, sagte Josef mehrmals zu ihm. Plötzlich ging eine Welle durch seinen Körper, und er ließ seinen Kopf an des Vaters Bauch sinken. Er schaute seine Eltern abwechselnd an und sagte bewegt: »Ich habe euch beide gleich lieb, und jetzt darf ich auch zum Vater.«

Während der Aufstellung hatte sich der Vater in seinem Verhalten sehr verändert. Zu Anfang zeigte er keinerlei Interesse an Josef; dieser interessierte sich auch nicht für ihn, denn er hatte die Botschaft der Mutter verinnerlicht. In einem solchen Fall muss der Sohn zum Vater, er kann nicht darauf hoffen, dass der Vater zu ihm kommt und ihn »erlöst«. Als der Sohn endlich vor ihm stand und ihn als Vater achtete und die Liebe zu ihm fließen ließ, bewegte es auch den Vater, und er streichelte liebevoll seinen Kopf.

Als Kind geriet Leonhard stets in panikartige Zustände, wenn er zwei Männer miteinander streiten sah. Und schon als Kind konnte er sich zuweilen in eine Wut hineinsteigern, die alles andere als kindgemäß ist: »Dich könnt ich umbringen!«, dachte er des Öfteren bei Menschen, über die er sich ärgerte. Auch im Erwachsenenleben, bei späteren Streitereien mit der Ehefrau hatte er den Eindruck, dass seine Wut gefährlich war; er hatte eine gewisse Ahnung, sie könnte sich derart steigern, dass er tatsächlich jemanden umbrächte.

Leonhard hat sich später oft darüber Gedanken gemacht, denn er dachte viel über psychologische Zusammenhänge nach. Stets fragte er sich, woher diese mörderische Wut stammte. Seine Eltern hatten nie miteinander gestritten, und als Kind hatte er etwas Ähnliches nie erlebt. Außerdem fühlte er noch eine intensive Sehnsucht in sich, die für ihn nicht ganz von dieser Welt war und die er sich nicht erklären konnte.

Noch vor der Aufstellung führte ich mit ihm in der Einzeltherapie eine imaginative Übung durch, weil er mehr über diese seltsame Sehnsucht erfahren wollte, die ihn so stark beschäftigte. Dabei erfuhr er die Sehnsucht als etwas Gefährliches. Sie sagte ihm: »Komm mir nicht zu nah, es könnte dein Tod sein!«

In der Aufstellung der Herkunftsfamilie standen Vater

und Mutter weit auseinander, so als ob sie überhaupt nichts miteinander zu tun hätten. Das Paar wirkte, als sei es geschieden. Leonhards älterer Bruder stand dicht neben der Mutter, während Leonhard etwas aus dem Abseits auf seinen isolierten Vater blickte. Allen Familienmitgliedern ging es schlecht, insbesondere die Kinder waren beunruhigt; die Mutter schwankte sehr. Leonhard blickte sehnsüchtig zu seinem Vater und sagte: »Ich darf nicht zu ihm hin. Es ist, als ob die Mutter es nicht zulässt. Ich würde gern zu ihm, doch es geht nicht. Etwas hält mich hier.« In seiner Kindheit durfte Leonhard nie richtig zu seinem Vater. Beide Kinder« waren »Mutterkinder«. Der Vater war in der Familie stark isoliert gewesen.

Da die Mutter weit in die Ferne blickte, war klar, dass es sie wegzog von Mann und Kindern. Zwei ihrer Schwestern hatten noch vor dem ersten Geburtstag eine Krankheit nicht überlebt, und ein Bruder war als Jugendlicher infolge eines Lungenleidens gestorben. Leonhard stellte diese Verwandten genau dorthin, wo die Mutter permanent hinblickte. Der Mutter ging es anschließend zwar etwas besser, doch die Kinder waren immer noch beunruhigt.

Leonhard hatte nun noch erwähnt, dass in seinem Familiensystem ein Mord geschehen war. Der Vater der Mutter hatte einen Bruder, der im Streit einen Mann erschlug. Zunächst kamen der Mörder und der Vater der Mutter hinzu. Leonhard zog es sofort zu dem Mörder hin. Er spürte den Drang, ihn zu umarmen. Als

Leonhard gebeten wurde, das Opfer aufzustellen, stellte er es in den Mittelpunkt der zu diesem Zeitpunkt konstellierten Familie: Genau auf diesem Punkt hatte unmittelbar vorher Leonhard gestanden, bevor er zu dem Mörder gegangen war! Leonhard war tief mit diesem Mord verbunden. Hier liegt die Ursache für seine mörderischen Phantasien, aber auch für seine Sehnsucht, denn es ist die Sehnsucht zum Tod und zu dem mörderischen Geschehen.

Der Mörder hatte nur vier Jahre Gefängnis erhalten und lebte anschließend ein völlig normales Leben mit Frau und Kindern. Der Hintergrund für die geringe Strafe hing möglicherweise mit politischen Gründen zusammen. Leider konnte dies nicht geklärt werden. Hinter der Fassade des normalen Lebens war jedoch die Sehnsucht des Täters zum Opfer geblieben. In der Aufstellung schaute der Mörder nur zu dem Toten, der auf dem Boden lag. Er spürte den Drang, sich neben ihn zu legen. Hier spürte der Mörder nach einer Weile einen tiefen Frieden, der die anderen Familienmitglieder entlastete.

Nach einem Mord kann das Leben nicht so weitergehen, als wäre nichts geschehen. Bert Hellinger hat in vielen Aufstellungen gezeigt, dass für den Mörder oft das gemäße Bild ist, so zu leben, als läge man neben dem Toten und blicke ihn an. Dies war hier nicht geschehen, und so versuchen Spätergeborene wie Leonhard einen Ausgleich zu schaffen. Meist muss ein Mörder aus dem System ausgeschlossen werden.

Wenn die Familie dazu nicht bereit ist, pflanzt sich die mörderische Energie im System fort, und es kann ein weiterer Mord geschehen.

Leonhard schaute auf seine Mutter, den Mörder und sein Opfer und auch auf die drei früh verstorbenen Geschwister der Mutter. »Zum ersten Mal in meinem Leben fühle ich eine tiefe Liebe zu meiner Mutter«, sagte Leonhard, während ihm die Tränen kamen. »Liebe Mama, deine Geschwister müssen dir sehr gefehlt haben.« Er blickte auf die Geschwister der Mutter und spürte eine tiefe Zuneigung zu ihnen und brachte sie auch zum Ausdruck. Es wurde deutlich, dass die Mutter bei ihren toten Geschwistern bleiben wollte.

Der Großonkel (Mörder) blickte freundlich, aber mahnend zu Leonhard: »Du musst dich hier raushalten! Das ist allein meine Sache.« Leonhard ging nun mit dem Segen seiner Mutter zu seinem Bruder und zum Vater, die weit entfernt am anderen Ende des Raumes auf ihn warteten. Zuvor versicherte er der Mutter: »Du bleibst immer meine Mutter, und ich danke dir für alles, was ich als Kind von dir nehmen darf. – Den Papa habe ich genauso lieb wie dich. Auch wenn ich jetzt zu ihm und meinem Bruder gehe, so bleibst du doch immer meine Mutter, und meine Dankbarkeit dir gegenüber bleibt auch für immer.«

Die Mutter entgegnete: »Mein Platz ist hier. Ich freue mich, wenn du jetzt zum Vater gehst.« Beim Vater fand Leonhard dann seinen guten Platz. Endlich konnte er ihn ganz als Vater nehmen, was als Kind nie möglich war.

Wenn das Märchen »Der Wolf und die sieben jungen Geißlein« das Thema ist, wird der Vater nicht nur von der Mutter ausgeschlossen, sondern oft ist er es, von dem die Lösung kommt. Bei Familien, in denen ein Mord geschehen ist, müssen alle Kinder stets an die Seite desjenigen Elternteils, der von dieser Tat unbelastet ist. In dem hier geschilderten Beispiel musste man die Mutter ganz ziehen lassen.

»Hans im Glück«: Wen das Pech verfolgt

Zusammenfassung des Märchens

Hans hatte sieben Jahre bei seinem Herrn gedient. Da bat er ihn: »... nun wollte ich gerne wieder heim zu meiner Mutter, gebt mir meinen Lohn.« Hans erhielt ein Stück Gold so groß wie sein Kopf.

Auf seinem Weg nach Hause traf Hans einen Reiter, den er um sein Pferd beneidete. Hans klagte über die Last des Goldes: »... da habe ich einen Klumpen heimzutragen, es ist zwar Gold, aber ich kann den Kopf dabei nicht geradhalten, auch drückt mir's auf die Schulter.« Auf den Vorschlag des Mannes, das Pferd gegen das Gold einzutauschen, ging Hans gerne ein. Doch er warnte den Mann: »Aber ich sage Euch, Ihr müsst Euch nun damit abschleppen.«

Hans hatte mit seinem Handel kein Glück, denn das Pferd warf ihn bald schon ab. Da kam ein Bauer, dem er sein Pech klagte. Der Bauer schlug vor, das Pferd gegen eine Kuh zu tauschen, worauf Hans sofort einging. Auch mit der Kuh hatte er kein Glück, denn als er sie melken wollte, gab sie ihm statt Milch einen Schlag auf den Kopf. Ein vorbeikommender Metzger machte ihm klar, dass die Kuh nur noch zum Schlachten tauge, und gab ihm ein Schwein zum Tausch. Doch auch das Schwein blieb nicht lange bei ihm. Ein junger Bursche wollte ihm anschließend weismachen, dass das Schwein in der Nachbarschaft gestohlen worden sei und Hans bald ins Gefängnis wandern könnte. Hans glaubte ihm, gab ihm das Schwein und erhielt eine Gans. Die Gans wiederum tauschte Hans bei einem Scherenschleifer für einen schadhaften Wetzstein und einen gewöhnlichen am Wegrand liegenden Klopfstein ein. Doch schon bald wurden Hans die Steine zu schwer. Er kam zu dem Schluss, dass es doch eine große Freude sein müsse, wenn man von einer solchen Last befreit sei. Als er sich müde vom Steinetragen an einen Brunnenrand setzte, stieß er aus Versehen die Steine hinein. Hans sprang auf und dankte Gott mit Tränen in den Augen, dass er nun von den schweren Steinen erlöst sei. »So glücklich wie ich«, rief er aus, »gibt es keinen Menschen unter der Sonne.«

Befreit und glücklich eilte er endlich heim zu seiner Mutter.

Thesen zum »Hans im Glück«

»Hans im Glück« ist ein Märchen mit einer Männer-dynamik, weshalb es öfter von Männern denn von Frauen als wichtiges Märchen angegeben wird: Dem Hans im Märchen fehlt sein Vater. In der Geschichte ist auffällig, dass Hans immerzu nur zur Mutter will, der Vater jedoch keine Rolle spielt. Männer, die dieses Märchen nennen, sind oft ohne Vater aufgewachsen. Es besteht eine starke Nähe zur Mutter bei gleichzeitiger Abwesenheit des Vaters. Bei Männern hat die Vaterferne unter anderem oft berufliche und wirtschaftliche Schwierigkeiten zur Folge. Neben diesem biographischen Hintergrund des fehlenden Vaters gibt es noch einen familiengeschichtlichen Hintergrund dieses Märchens. Nach Hellingers Erfahrung weist »Hans im Glück« auf wirtschaftliche Probleme aus ganz anderen Gründen hin: Ein männlicher Verwandter, zum Beispiel ein Großvater, hat innerhalb kurzer Zeit sein ganzes Vermögen verloren. In der Folge traut sich ein Spätergeborener nicht, wirtschaftlich erfolgreich zu sein. Der Spätergeborene ist im Handel und im Umgang mit Materiellem sehr ungeschickt und lässt sich ähnlich wie Hans im Glück ohne weiteres übers Ohr hauen.

Wie die folgenden Lebensgeschichten von Rat Suchenden zeigen, schließen sich diese beiden Sichtweisen nicht aus, sondern man trifft oft beides gleichzeitig an! Man mag hier einwenden, dass die Geschichte von »Hans im Glück« von einem Kind nicht erlebt worden sein kann; deswegen verweise sie immer auf einen Verwandten, der in wirtschaftlicher Hinsicht ein ähnliches Schicksal hatte und mit dem der Spätergeborene verbunden ist. Doch die Praxis zeigt etwas anderes: Den fehlenden Vater kann man bei Männern, die dieses Märchen zum Thema haben, so häufig vorfinden, dass es sich hier nicht um Zufall handelt.

Bei »Hans-im-Glück«-Aufstellungen kommt die Lösung oft durch einen Perspektivwechsel: Der Betroffene schaut nicht nur ausschließlich, wie bislang, auf die Mutter, sondern zum ersten Mal auch auf den Vater. Natürlich muss ebenso jener Verwandter gewürdigt werden, der sein Vermögen verloren hat, wenn es einen solchen in der Familie gibt.

Völlig gegensätzlich dazu wird das Märchen in der traditionellen Märchendeutung gesehen: Man sieht in Hans ein Vorbild; in spiritueller Hinsicht ist er ein Mensch, dem man nacheifern sollte: Er besitzt so viel einfache Weisheit, dass er mit immer weniger Materiellem auskommt:

Wir aber können lernen, dass wir dann am glücklichsten sind, wenn wir die Zufälle des Lebens nicht bekämpfen, sondern ihnen mit der heiteren Gelassenheit

begegnen wie unser stiller Held Hans im Glück auf
seinem Wege, den er so konsequent verfolgte.
Mag sein, dass auch wir dann zu einem Brunnen
gelangen, der an dem Weg zum Dorf der Mutter liegt.
Die unausschöpfliche Kraft des Brunnens wird uns,
wenn wir uns da wie Hans im Glück ein wenig ver-
sehen, von aller Last befreien, von der steinernen
Bürde, die uns bis dahin hinderlich war, um glück-
lichen Herzens die Jahre zu verbringen, die uns auf der
Erde noch zugeteilt sind.[19]

Lebensgeschichten zum »Hans im Glück«

Carsten (aus einem Märchenseminar)

In einem Seminar über Märchen erzählte Carsten, dass
»Hans im Glück« das für ihn wichtigste Märchen gewesen sei. Es berühre ihn noch heute. Carsten litt zwar
nicht an Armut, doch er und auch seine Frau waren
der Meinung, dass er aus seinen materiellen Möglichkeiten bislang zu wenig gemacht hatte. Carstens Vater
hatte jahrelang erfolgreich als Vertreter für eine Firma
gearbeitet, bis er eines Tages betriebsbedingt und nicht
durch eigenes Verschulden entlassen wurde. Daraufhin gründete der Vater eine eigene Firma, die jedoch

---

[19] Victor Zielen: *Hans im Glück – Lebenslust statt Lebenslast*, Zürich
1987, S. 142.

schnell sehr hoch verschuldet war und schließlich Bankrott ging. Unter der Belastung dieses Schlages litt der Vater bis zu seinem Tod.

Winfried

Winfried hatte im Beruf und beim Umgang mit Geld kein Glück. Er war ein erfolgloser Bildhauer, dem es materiell oft am Notwendigsten mangelte.

In der Familienaufstellung war Winfried mit dem Vater seiner Mutter verbunden. Dieser war Anteilseigner einer Schuhfabrik gewesen. Nachdem sein Geschäftspartner wirtschaftliche Probleme bekam, riss er den Großvater mit in den finanziellen Abgrund. Dieser musste entschädigungslos auf seine Anteile verzichten. Nach vier weiteren erfolglosen Firmenengagements starb der Großvater – verarmt – unerwartet an einem Herzinfarkt.

In einem solchen Fall muss der Spätergeborene sich trauen, sein materielles Glück im Angesicht des Pechs seines Vorfahren zu nehmen. Dies gelingt, indem man sich in der Aufstellung vor dem Großvater verbeugt und ihm sagt: »Ich achte dein wirtschaftliches Schicksal. Bitte schau freundlich auf mich, wenn ich mein Geld behalten kann und materielles Glück habe.«

Der wesentliche Schritt für Winfried war jedoch die Begegnung mit dem Vater. Winfried war ohne Vater aufgewachsen, weil sich seine Mutter von diesem getrennt hatte, als er sechs Monate alt gewesen war. Die

Mutter verachtetete Männer, und Winfried war mit ihr solidarisch: Er glaubte die bösen Geschichten, die die Mutter ihm in seiner Kindheit über die Männer und im Besonderen über seinen Vater erzählt hatte.

Zu Beginn der Aufstellung fragte er, ob er auch eine Frau als Stellvertreterin für sich auswählen dürfe. Als Therapeut darf man natürlich nicht zulassen, dass ein Mann für sich eine Frau auswählt, weil dies eine problematische Geschlechtsrollennähe noch verstärkt. Winfrieds Frage zeigte jedoch, wie viel Weibliches in ihm ist. Wer so etwas äußert, der ist meist entweder mit einer Frau identifiziert, oder er wuchs nur bei Frauen auf und hatte keinerlei männliche Bezugspersonen. »Hans im Glück« lebt nur in der Welt der Frauen. Die Erfahrung zeigt allerdings auch, dass eine allein erziehende Mutter, die zum Beispiel den verstorbenen Vater des Jungen tief achtet, ihrem Kind auf diese Weise dennoch ermöglicht, väterliche Kraft – über den Umweg der Mutter – zu erhalten.

In der Aufstellung wurde deutlich, dass der Vater zu Unrecht von der Mutter abgewertet wurde. Winfried hatte sich zwischen seine Eltern gestellt, um die Mutter vor der Wut des Vaters zu schützen. Damit ging es ihm natürlich sehr schlecht, denn ein Kind darf sich nicht in die Angelegenheiten seiner Eltern einmischen. Winfrieds Stellvertreter fühlte sich am wohlsten neben dem Vater, wo er langsam die Trauer und den Schmerz darüber, dass er ihn kaum gehabt hatte, in sich hochsteigen spürte. Winfried war nicht bereit, sich diesem

Schmerz und der Trauer körperlich auszusetzen. So kam er auch nicht auf seinen eigenen Platz ins Aufstellungsgeschehen, sondern blieb auf seinem Stuhl sitzen und beobachtete bis zum Ende seinen Stellvertreter. Es berührte ihn, zu sehen, dass die Gegebenheiten in seiner Familie so völlig anders waren, als er es sein Leben lang geglaubt hatte.

Die vorläufige Lösung in diesem Falle bestand darin, dass Winfrieds Stellvertreter zum Vater sagte: »Bitte lass mir noch Zeit, bis ich mich dem Schmerz stellen kann. Mit dir im Rücken kann ich dann ein Mann werden.« Mit der Unterstützung des Vaters, auch das zeigte die Aufstellung, würde er seinen eigenen Kindern ein Vater sein können. Winfried hatte nämlich zwei unehelich gezeugte Kinder, die er nur selten sah und um die er sich nicht kümmerte. Wer vaterlos aufwächst, traut sich meist nicht, selbst ein ganzer Vater zu sein.

Doch für den Weg zum Vater würde Winfried noch Zeit brauchen. Der Therapeut vertraut darauf, dass die heilenden Bilder weiterwirken und später einen Weg ins Herz finden.

Fritz

Die Erfahrung zeigt, dass ein Mann normalerweise Glück im Beruf und mit dem Finanziellen hat, wenn er seinen Vater hinter sich weiß. Männer, die den »Hans im Glück« als wichtiges Märchen angaben, sind, so wie im vorangegangenen Beispiel, häufig »Vaterlose«. Meist ist der Vater früh verstorben oder war aus einem anderen Grund nicht präsent. Die intensive Nähe zur Mutter ist für die Männer ein Problem, das für Beruf und Partnerschaft dramatische Folgen haben kann.

Fritz hatte ein Problem mit seinem Vorgesetzten. Er erwartete Anerkennung von ihm, und wenn er diese nicht erhielt, war er sehr niedergeschlagen. Durch Beschäftigung mit sich selbst und mit psychologischen Fragestellungen kam er dahinter, dass er den Chef wie einen Vater sah. Er projizierte seinen Vater auf ihn, den er nie gehabt hatte. Er erwartete von dem Vorgesetzten Lob und Anerkennung in einer Weise, wie sie der Vater einem Kind gibt. Um dieses Problem zu lösen und auch um seinem Vater zu begegnen, kam er in eine Aufstellungsgruppe.

Fritz' Vater brachte sich auf einer beruflichen Reise selbst um. Erst drei Jahrzehnte später erfuhr Fritz durch einen Zufall, dass sein Vater nicht durch einen Unfall aus dem Leben geschieden war, wie die Muter stets behauptet hatte. Sie hatte sich vor der Öffentlichkeit und auch vor den Kindern geschämt, die Wahrheit zu berichten.

Beim Tod seines Vaters war Fritz drei Monate alt. In der Aufstellung stellte Fritz seine Eltern so, dass sie sich gegenüberstanden. Seinen eigenen Stellvertreter führte er auf den Platz genau dazwischen: Fritz hatte den Vater im Rücken und schaute die Mutter an. Diese »Sandwichstellung« ist für das Kind sehr problematisch: Es dient hier als »Puffer« zwischen den Eltern und verhindert deren Auseinandersetzung. Dem Stellvertreter von Fritz ging es auch dementsprechend schlecht.

Als er sich seitwärts entfernte, konnten sich die Eltern zum ersten Mal direkt anschauen. Dem Vater ging es gut, während die Frau kaum wagte, dem Mann in die Augen zu schauen. Es ging ihr immer schlechter. Daraufhin wurde die als Kind verstorbene Schwester der Mutter und Fritz' Großmutter mütterlicherseits dazugestellt. Fritz' Mutter hatte ihre Mutter verloren, als sie elf Jahre alt gewesen war.

Als diese beiden Verwandten dazukamen, war bei den Aufgestellten eine Erleichterung spürbar. Die Mutter zog es zu Schwester und Mutter. Sie schaute ihren Mann an und sagte spontan: »Ich will mich umbringen, nicht du!« In der Tat kann es in Paarbeziehungen dazu kommen, dass ein Partner glaubt, sich für den anderen umbringen zu müssen. Fritz' Schwester zog es daraufhin zum Vater, wo sie sich wohl fühlte, während Fritz zur Mutter ging. Fritz wollte seine Mutter am Gehen hindern, obwohl sie in keiner Weise zurückzuhalten war. In dieser Phase der Aufstellung nahm Fritz den Platz seines Stellvertreters ein. Er spürte seine Liebe zur Mutter, er spürte aber genauso, dass er zur Schwester und zum Vater gehen konnte, was er dann auch tat. Gefördert wurde diese Entscheidung ebenfalls von der Mutter, die erleichtert war, als ihr Sohn sie verließ.

Als er vor dem Vater stand, kam in Fritz all die Trauer

darüber hoch, ihn ein ganzes Leben nicht gehabt zu haben. Der Vater hielt ihn und streichelte seinen Kopf, während Fritz weinte und den Schmerz zuließ. Auch der Vater weinte vor Rührung über den Schmerz seines Sohnes. Danach konnte Fritz zum ersten Mal während der Aufstellung lächeln. Er strahlte über sein ganzes Gesicht und sagte ihm: »Endlich habe ich dich gefunden. Jetzt darf ich dein Sohn sein.«

Wer als Mann seinen Vater nehmen kann, auch wenn er schon gestorben ist, wird weniger versucht sein, Väterliches bei einem Vorgesetzten zu suchen. Obwohl der typische Hintergrund des wirtschaftlichen Pechs eines Verwandten auch hier zutraf, so war er doch nur von untergeordneter Bedeutung: Fritz hatte noch einen Onkel, einen Bruder seiner Mutter, der ein großes Vermögen verlor, weil er verliehenes Geld nicht zurückbekam. Außerdem litt er durch die Inflation Schaden. Ausnahmsweise wurde dieser Onkel nicht mit aufgestellt; normalerweise kommt bei diesem Märchen jene Person, die wirtschaftlichen Schaden erlitten hat, hinzu. Hier war jedoch deutlich zu spüren, dass Fritz nun alles hatte, was er brauchte. Ein zusätzliches Arbeiten mit dem Onkel hätte in diesem Fall keinen Nutzen gehabt.

Diese Einschätzung wurde bestärkt, als Fritz nach der Aufstellung erzählte, dass er schon immer das Schicksal des Onkels geachtet hatte. Fritz hatte seine materielle Situation und sein Glück in dieser Hinsicht im Gegensatz zu Winfried immer als normal angesehen.

Fehlende Eltern

»Hänsel und Gretel«:
Als hätt' ich keine Eltern ...

Zusammenfassung des Märchens

Ein armer Holzhacker wohnte direkt am Rande eines großen Waldes mit seiner zweiten Frau und seinen zwei Kindern aus erster Ehe, Hänsel und Gretel. Als die Armut immer bitterer wurde, schlug die Frau vor, man solle die Kinder in den Wald bringen und sich selbst überlassen. Der Vater weigerte sich jedoch, weil er den sicheren Tod der Kinder voraussah. Irgendwann tat er dennoch, was die Stiefmutter vorgeschlagen hatte.

Die Kinder hatten aber den Plan erlauscht. Hänsel sammelte einen großen Vorrat an kleinen Kieselsteinen, die er unterwegs in bestimmten Abständen fallen ließ, so dass sie mit deren Hilfe den Weg zum Elternhaus zurückfanden. Der Vater freute sich, dass seine Kinder zurückgekommen waren, doch die Stiefmutter wurde böse.

Als die Not wieder schlimm wurde, drängte die Stiefmutter erneut, man müsse die Kinder in den Wald bringen. Diesmal führten sie Hänsel und Gretel noch tiefer in den Wald hinein. Unterwegs hatte Hänsel von seinem Stückchen Brot Krumen auf die Erde geworfen, damit sie den Weg ein zweites Mal zurückfänden. Doch diesmal war die Enttäuschung groß, denn die Vögel hatten alles aufgefressen, und so konnten die Kinder den Weg nicht finden.

Hänsel und Gretel hungerten und gerieten immer weiter in den Wald hinein. Irgendwann stießen sie auf ein Haus, das aus Brot und Kuchen gebacken war. Als sie zu essen begannen, rief eine Stimme: »Knusper, knusper, kneischen, wer knuspert an meinem Häuschen?« – »Der Wind, der Wind, das himmlische Kind«, antworteten die Kinder und aßen einfach weiter. Da kam eine steinalte Frau heraus und lud die beiden drinnen zum Essen ein. Nach dem ausgiebigen, guten Mahl brachte die Frau die Kinder in zwei schöne Betten. Hänsel und Gretel wähnten sich im Paradies.

Am nächsten Morgen war es vorbei mit dem schönen Leben. Die alte Frau war nämlich eine Hexe. Sie sperrte Hänsel in einen Stall, um ihn zu mästen, damit sie ihn später essen könne. Gretel musste ihr als Magd dienen und weinte bitterlich. Die Hexe wollte auch Gretel braten und hieß sie, den Ofen vorzubereiten. Doch Gretel stellte sich dumm, und so zeigte ihr die Hexe, wie man in einen Ofen kriecht. Gretel packte die Gelegenheit beim Schopf und stieß die Hexe hinein, die alsbald unter furchtbarem Heulen verbrannte.

Gretel befreite Hänsel, und die beiden fielen sich vor Freude um den Hals. Im Haus der Hexe suchten sie mehrere Edelsteine und Perlen zusammen und zogen dann wieder zum Haus des Vaters. Der Vater hatte sich all die Zeit um seine Kinder gesorgt, die böse Stiefmutter aber war verstorben. Mit den Perlen und Edelsteinen hatten die drei dann ein gutes Auskommen.

Thesen zu »Hänsel und Gretel«

Nimmt man das Märchen wörtlich, so ist die leibliche Mutter der Kinder früh verstorben. Die spätere Stiefmutter macht anschließend den Kindern des Mannes das Leben schwer. Der Vater ordnet sich seiner zweiten Frau unter, so dass die Kinder bei ihm keinen Halt finden können. Außerdem leidet die Familie unter schweren sozialen und finanziellen Bedingungen.

In dieser buchstäblichen Weise findet man die Märchenhandlung in den Lebensgeschichten der Rat Suchenden meist nicht wieder. Das Märchen erzählt die Geschichte zweier Kinder, die keine richtigen Eltern haben. Hänsel und Gretel haben nur sich – vom »Happy End« des Märchens darf man sich nicht blenden lassen. Menschen, die von diesem Märchen berührt waren, sind nicht selten entweder tatsächlich in der Fremde oder bei Stiefeltern aufgewachsen, oder sie haben die eigenen Eltern als »Fremde« erlebt. Zuweilen wurden sie weggegeben – zu einer Tante, zu Großeltern, in ein Heim –, oder sie waren durch andere Umstände, zum Beispiel Krankheit, früh von den Eltern getrennt. Es kann auch vorkommen, dass man fühlt wie ein Kind, das als Vorfahr in einer materiell schwierigen Situation seiner Eltern weggegeben wurde.

Bei den meisten, die dieses Märchen erwähnen, findet sich eine schwierige Situation für die Kinder: Auch wenn die Eltern nicht tot sind, sind sie so stark von anderen Dingen absorbiert, dass die Kinder sich elternlos fühlen. Die Geschwister haben nur sich selbst und müssen sich gegenseitig stützen. So kommt es, dass sich das Schlussbild in den Aufstellungen oft ähnelt: Die Geschwister nehmen das Gute von den Eltern, fassen sich anschließend an der Hand und bilden einen Kreis, wobei sie sich von den Eltern langsam entfernen, zuweilen auch in einer bestimmten Entfernung vor ihnen stehen bleiben.

Lebensgeschichten zu »Hänsel und Gretel«

Heinz (aus einem Märchenseminar)

Heinz litt unter Angststörungen. Die Eltern waren einfache Leute und hatten es wirtschaftlich sehr schwer. Die Mutter musste deshalb gleich nach der Entbindung von Heinz dazuverdienen. Auch nach der Geburt von Heinz' Schwester war es nicht anders. Die Kinder wuchsen die ersten Jahre bei den Eltern der Mutter auf. Heinz blieben die Eltern fremd, weil er die frühzeitige Trennung nie überwunden hat. Einen guten Kontakt, zumindest in Kindheit und Jugend, hatte Heinz nur zu seiner Schwester.

Mario

Seit Kindheit und Jugend fühlt Mario eine tiefe Trauer in sich, die er sich nicht erklären kann. Mit achtzehn Jahren erkrankte er schwer an Rheumatismus, der jedoch nach zwei Jahren wieder geheilt war. Außerdem dachte Mario des Öfteren daran, ob er nicht vielleicht auch Krebs bekommen würde wie so viele andere in seiner Familie. Außerdem belastet ihn seine Zeugungsunfähigkeit: Mit seiner Frau hätte er gerne Kinder gehabt, doch die Qualität seines Samens ließ dies nicht zu.

In einer Paararbeit stellte sich heraus, dass Mario mit seiner Frau nie offen über die Bedeutung der Kinderlosigkeit geredet hatte. Der Partner, der Kinder will, kann aus systemischer Sicht die Ehe verlassen und sich einen Partner suchen, mit dem Kinder möglich sind. In der Paarsitzung sagte Mario unter Tränen seiner Frau: »Ich nehme es als Geschenk, wenn du trotz meiner Zeugungsunfähigkeit bei mir bleibst.« Auch die Frau war tief bewegt: »Für dich verzichte ich gern auf Kinder.«

Marios tiefe Trauer, die stets im Alltag spürbar war, hing jedoch mit der Herkunftsfamilie zusammen. Als Achtjähriger musste er erleben, wie seine Mutter an

Darm- und Leberkrebs erkrankte und langsam dahin-
siechte. Sie starb, als Mario elf wurde. Der Vater war
in der Folge überlastet. Er musste sich nicht nur um
Mario kümmern, sondern auch noch um dessen älteren Halbbruder aus der ersten Ehe. Die erste Frau des
Vaters litt schon bei der Hochzeit an einer schweren
Lungenkrankheit und war einige Jahre darauf gestorben. Das Kind, Marios Halbbruder, wuchs dann in des
Vaters zweiten Ehe auf.

Nach dem Tod der zweiten Frau, Marios Mutter, wurde
dem Vater alles zu viel. Er gab die Kinder weg. Mario
wuchs ab seinem elften Lebensjahr zum Teil bei dem
Vater der Mutter und zum Teil bei der Tante mütterlicherseits auf. So war Mario ab dieser Zeit »elternlos«.

In der Aufstellung der Herkunftsfamilie zeigte sich
nicht nur die typische »Hänsel-und-Gretel-Situation«,
sondern auch eine tiefe Verbindung zu einem Mann,
der an Hodenkrebs gestorben war: Die Mutter war vor
dem Vater mit einem Mann verlobt gewesen, der bald
darauf an dieser Krankheit starb. In der Aufstellung
war Mario auf ebenjenen Mann und die Großmutter
mütterlicherseits ausgerichtet: Diese war so wie die
Mutter an Darmkrebs gestorben. Beim Tod der Großmutter damals hatte die Mutter zu Mario gesagt:
»Auch ich werde eines Tages an Darmkrebs erkranken
und daran sterben!« Sieben Jahre später geschah dies
denn auch.

Voller Trauer sah Mario die tiefe Liebe der Mutter
zu dem verstorbenen Verlobten und zu ihrer Mutter.

Marios Trauer, die er stets im Alltag mit sich trug, war die lebenslange Trauer seiner Mutter um ihre Mutter und den Verlobten gewesen. Mario umarmte seine Mutter lange und sagte: »Ich spüre deinen Schmerz.« Jetzt war er in der Lage, seine Mutter zu verstehen; doch er sagte ihr auch, dass sie für ihn als Kind viel zu früh gestorben ist und dass sie ihm sehr gefehlt hatte.

Auch der Vater war des Lebens müde. Ihn zog es zu seiner früh verstorbenen ersten Frau. Er hatte nur Augen für sie. Nach einer Reihe von weiteren Schritten zeigte sich, dass die beiden Halbbrüder nur aus einer gewissen Distanz auf die Eltern schauen konnten. Der ältere Bruder sagte zu Mario: »Wir nehmen das Gute von unseren Eltern und helfen uns gegenseitig.« So schauten sie auf zwei Gruppen: In der einen Gruppe befand sich der Vater mit der Mutter des Halbbruders, und in der zweiten Gruppe stand die Mutter mit ihrem Verlobten und der Großmutter.

Mario spürte Wut aufkommen. Er musste noch einmal zum Vater hin: »Du hast mich nie wahrgenommen! Ich war Luft für dich! Wenn überhaupt, dann hast du nur meinen älteren Halbbruder gesehen!« Der Vater nickte verständnisvoll: »Ich konnte nicht mehr. Ich bin leer und kann dir nicht mehr geben.« Mario weinte. Nach einer Weile sah er dem Vater tief in die Augen: »Ich versteh dich jetzt – was du mir gegeben hast, ist reichlich. Das andere mache ich jetzt mit meinem Bruder alleine.« Da lächelte der Vater.

Manfreds Anliegen war die Sorge um seinen dreizehn-
jährigen Sohn Tilman, der überaus verschlossen war
und seinen Eltern stets vorwarf, sie liebten ihn nicht
und seien nicht für ihn da. Manfreds Eltern hatten
jeweils vor der Ehe einen Verlobten bzw. eine Verlobte
gehabt, die durch tragische Umstände ums Leben
gekommen waren. Der Verlobte der Mutter kam bei
einem Flugzeugabsturz um, während die Verlobte
des Vaters im Bombenhagel des Zweiten Weltkriegs
starb.

Das Aufstellungsbild und die Befragung der Stellvertreter ergab, dass Manfreds Sohn Tilman mit dessen
Vater und seiner verstorbenen Verlobten verbunden
war. Tilman fühlte sich elternlos,[20] doch Manfred ging
es genauso: Dessen Eltern zog es beide aus Liebe so
stark zu den verstorbenen früheren Partnern, dass sie
ihre Elternrollen nicht ausfüllen konnten.

Indem Manfreds Eltern in der Aufstellung den
Schmerz um ihre früheren Partner zuließen, erhielten
sie deren Segen für die spätere Ehe und für die daraus
hervorgegangenen Kinder: Manfred und seine Geschwister. Als Manfreds Eltern den Schmerz und die
alte Liebe zuließen, ging es Manfred und Tilman sofort
besser. Mit dem Wohlwollen der früheren Partner

---

[20] Auch Tilmans Mutter war mit ihrer Ursprungsfamilie verstrickt, aber
es wog nicht so schwer wie bei Manfreds Familie. Dieses Thema wurde
bei einer anderen Gelegenheit aufgestellt.

konnten Manfreds Eltern in die Elternrolle gehen. Manfred weinte vor Freude, als er seinem Vater sagte: »Jetzt kann ich zu dir!«, und zu ihm ging. Anschlie-ßend konnte auch Manfred seinem Sohn Tilman gegenüber die Vaterrolle einnehmen.

Zu einem späteren Zeitpunkt wurde noch in einem Einzelgespräch ein anderes Problem bearbeitet: Man-fred war als Baby sehr krank und längere Zeit von seiner Mutter getrennt. Solche frühen Krankenhaus-aufenthalte führen zu einer »unterbrochenen Hinbe-wegung«[21] zur Mutter. Lebensgeschichtlich kann man dies beim »Hänsel-und-Gretel«-Thema des Öfteren beobachten.

Valentin

Valentin litt schon lange unter Depressionen, Lebens-müdigkeit und einer starken Allergie. Die Mutter hatte vor der Ehe eine Tochter mit ihrem früheren Freund. Valentin lernte seine Halbschwester nie kennen; sie brachte sich schon als Jugendliche um. Die Mutter selbst führte drei Selbstmordversuche durch, und jedes Mal hatte Valentin sie rechtzeitig gefunden, so dass sie überlebte.

In der Aufstellung waren weder Vater noch Mutter an Valentin interessiert. Es sah so aus, als ob Valentin

[21] Von Bert Hellinger geprägter Ausdruck. Vgl. Gunthard Weber (Hg.): *Zweierlei Glück – Die systemische Psychotherapie Bert Hellingers*, Heidelberg 1993, S. 214 ff.

keine Eltern habe. Nur die Halbschwester war für ihn von Bedeutung. Zu ihr zog es ihn stark hin. Im realen Leben hatte Valentin die Existenz der Halbschwester völlig verdrängt. In seinem Bild von Familie war bislang nie Platz für sie gewesen. Er hatte sich stets als einziges Kind seiner Eltern betrachtet. Jetzt war die Solidarität zu ihr deutlich zu sehen. Es wurde sichtbar, dass ein Teil der Heilung darin bestand, sie als ältere Schwester ganz ins Herz zu nehmen. Wegen mangelnder Informationen musste die Aufstellung an dieser Stelle jedoch abgebrochen werden; insbesondere fehlten Informationen über den Vater, der sich in der Aufstellung seltsam desinteressiert verhielt, und den Vater der Halbschwester.

Corinne

Corinne fühlt sich seit dem Selbstmord ihrer jüngsten Schwester schwermütig. Sie hat noch eine Zwillingsschwester, Miriam, der es seit dem Tod des jüngsten Geschwisters ebenfalls schlecht geht. Die Aufstellung der Herkunftsfamilie zeigte elternlose Kinder: Die Mutter zog es zu ihrem im Krieg verstorbenen Bruder. Doch ihr seltsam distanziertes Verhalten ließ darauf schließen, dass sie noch wegen etwas anderem litt. Der Vater hatte ebenfalls für nichts Interesse, mit Ausnahme seines eigenen Vaters, den er früh in der Kindheit verlor.

Corinnes Schwester, die Selbstmord verübt hatte, hielt

das Leid der Eltern nicht aus. Sie verschwand für beide. Nachdem keinerlei Lösungsversuche Erfolg hatten, ergab sich das für »Hänsel und Gretel« so oft anzutreffende Lösungsbild: Die drei Geschwister (auch die jüngste Schwester) nahmen sich an den Händen und bildeten einen Kreis. Miriam, die Älteste der drei, sagte: »Gemeinsam sind wir stark.« Außerdem sagten die beiden lebenden dem toten Geschwister: »Dir zur Freude bleibe ich. Dein Tod soll nicht umsonst gewesen sein.« Für Corinne war dieser Satz jedoch schwer. Leichter fiel ihr der Satz zu der Toten: »Ich leide jetzt weiter. In deinem Angesicht werde ich niemals glücklich.«[22]

Die Zwillingsschwester Corinnes stellte wenige Wochen nach dieser Aufstellung in einer anderen Stadt bei einem anderen Therapeuten ebenfalls die Familie auf und fragte nach dem Selbstmord der ältesten Schwester. Wie mir Corinne bei einem späteren Aufstellungsseminar berichtete, war der Verlauf der Aufstellung und auch das gefundene Lösungsbild im Detail identisch mit jener Aufstellung, die Corinne gemacht hatte. Corinne hatte nun eine deutlich bessere Ausstrahlung. Sie spürte, dass ihr Leiden niemandem nutzte.

[22] Diese Aufstellung liegt längere Zeit zurück und ist nur in groben Zügen aus den Unterlagen skizziert worden.

Zu diesem Märchen möchte ich auch noch eine sicher untypische, aber doch erwähnenswerte Geschichte eines jungen Mannes mitteilen, der ebenfalls »Hänsel und Gretel« als sein wichtiges Kindheitsmärchen angab. Er litt unter heftigen Beklemmungen und fühlte sich oft, als ob ihn etwas Schweres niederdrückte.

Im Märchen ist die Frau des Mannes so böse, dass sie durch das Wegschicken in den Wald den Tod der Kinder in die Wege leitet. Bei Rolfs Aufstellung erschauderten die aufgestellten Personen, als eine Urgroßmutter der mütterlichen Linie hinzukam. Alle hatten Angst vor ihr. Auf Nachfrage kam die Information, dass sie tatsächlich als »sehr böse Frau« galt. Rolf und auch seine Mutter hatten früher einmal die Phantasie gehabt, dass diese Urgroßmutter ihre Kinder umbringen wollte oder tatsächlich umgebracht hat. Leider ergab sich kein klares Bild und auch die Tatsachen konnten nicht geklärt werden.

»Das hässliche junge Entlein«:
Bin ich ein verwechseltes Kind?

Zusammenfassung des Märchens

Eine Ente brütete ihre Jungen aus. Ein Ei war größer als die anderen, und es brauchte auch länger, bis die Schale zerbarst. Dieses Küken unterschied sich von den übrigen. Das Junge war auch viel größer, und vor allem fiel es durch seine Hässlichkeit auf. »Keines von den anderen sieht so aus«, staunte die Mutter. Bald darauf beschloss sie, ihre Kleinen im Entenhof vorzustellen.

Über das letztgeborene Entlein war man sich im Entenhof einig: »Wie das eine Entlein aussieht ...! Das wollen wir nicht dulden!« Den Wunsch einer alten Ente, das Kleine umzuarbeiten, lehnte die Mutter ab. Dem Entlein erging es schlecht. Überall, wo sie hinkamen, wurde es gebissen und gestoßen. Das arme Entlein wurde traurig darüber, dass es nur verspottet wurde. Tag für Tag wurde es immer schlimmer. Selbst die Geschwister machten ihm das Leben schwer, denn sie sagten ihm: »Wenn dich die Katze nur fangen möchte, du hässliches Geschöpf.« Und die Mutter pflichtete dem noch bei: »Wenn du nur weit fort wärest.«

»Alles geschieht nur, weil ich so hässlich bin«, dachte das Entlein. Traurig ging es zu den wilden Enten, doch auch da musste es sich anhören, wie hässlich es sei.

Zwei wilde Gänseriche wollten es mitnehmen, doch die Jäger schossen sie tot. Nach diesem Schreck gelangte es an eine Bauernhütte, wo eine alte Frau mit ihren Tieren lebte. Das Entlein wurde drei Wochen zur Probe aufgenommen, weil die Alte auf Enteneier hoffte. Doch das Entlein legte keine Eier. Die Tiere und die Frau verboten der kleinen Ente das Wort, weil sie zu dumm sei. Irgendwann beschloss das Entlein, auch diesen Ort zu verlassen, um in die weite Welt hinauszuwandern. Es bekam Lust, auf dem Wasser zu schwimmen, doch die anderen Tiere übersahen es zumeist.

Bald wurde es kalt, denn der Herbst war gekommen. Eines Abends, als die Sonne unterging, erblickte es Schwäne über sich, die unterwegs waren zu warmen Ländern. Das Entlein stieß einen Schrei aus, der ihm selber Furcht einflößte.

Während der Winter immer kälter wurde, sehnte sich das Entlein manchmal nach den Schwänen, denn deren Majestät hatte es tief beeindruckt. Das Wasser wurde so kalt, dass das Entlein sich fortwährend bewegen musste, damit seine Beine nicht einfroren. Doch zuletzt fror es doch fest. Ein Bauer hatte dies beobachtet, befreite es und brachte es nach Haus zu seiner Frau. Die Kinder wollten mit ihm spielen, doch es bekam große Angst. In seinem Ungeschick warf es den Milchnapf um, worauf die Frau es erschlagen wollte. Auch vor diesem Ort musste es fliehen.

Wie durch ein Wunder überlebte es den Winter. An

einem schönen Frühlingstag sah es in der Ferne drei Schwäne. Angesichts dieser prächtigen Tiere wurde es traurig. Am liebsten wäre es zu ihnen geflogen, doch es fürchtete, totgeschlagen zu werden, weil es doch so hässlich war. Endlich entschloss es sich, lieber von den Schwänen totgeschlagen zu werden, als weiterhin solches Elend zu erleben.

Es flog zu den Schwänen hin, und groß war sein Erstaunen, als es im Spiegelbild des Wassers erkannte, dass sein eigenes Bild denen der Schwäne glich. Da war die vergangene Not vergessen, denn es freute sich nun, ein Schwan zu sein. Die großen Schwäne kamen herbei und streichelten es. Selbst die Kinder zeigten sich gegenseitig den neuen Schwan, der besonders schön war. »So viel Glück habe ich mir nicht träumen lassen, als ich noch das hässliche Entlein war!«, sagte sich der junge Schwan und war glücklich.

Thesen zum »Hässlichen jungen Entlein«

Dieses Andersen-Märchen erzählt ungeschminkt die Geschichte eines untergeschobenen Kindes. Wer jedoch ist dieses Kind? Der Rat Suchende (zum Beispiel in der Fallgeschichte »Philipp«), ein Geschwister, einer der Eltern oder der Großeltern? In der Tat kann jeder der hier genannten Fälle zutreffen. Wenn die letztgenannten Möglichkeiten zutreffen, fühlt sich der Rat Suchende genauso fremd im Familienverband wie die

betreffende Person (siehe die Geschichten von Hannelore und Cornelius).

Es gibt auch Fälle, in denen es kein uneheliches oder
untergeschobenes Kind gibt, doch fast alle, die dieses
Märchen nannten, verspürten ihren Eltern gegenüber
ein starkes Fremdheitsgefühl. Die meisten hatten die
Phantasie, nicht das richtige Kind ihrer Eltern und
zum Beispiel im Krankenhaus als Baby vertauscht
worden zu sein. Diese Phantasie muss jedoch meiner
Erfahrung nach nicht unbedingt mit einem real untergeschobenen Kind in Zusammenhang stehen. Stattdessen fühlt sich das Kind von diesem Märchen ange-
zogen, weil es seine biographische Situation darstellt.
Es fühlt sich dann wie ein uneheliches Kind, weil es bei
einer Tante oder einem Onkel aufwuchs und seine
Eltern permanent abwesend waren.

Ferner ist auffallend, dass die Betroffenen häufig das
letztgeborene oder vorletzte Kind einer langen Geschwisterreihe sind. Das jüngste oder auch die zwei
jüngsten Kinder von beispielsweise sieben Geschwistern fühlen sich nicht selten der Familie gegenüber
fremd, weil es für die Eltern in vielen Fällen eine Über-
forderung bedeutet, so viele Kinder »durchbringen« zu
müssen. Für diese »letzten« Kinder ist oft »kein Platz
mehr vorhanden«, so dass sie sich oft fremd und überflüssig fühlen.

Philipp

Philipp hatte sich seinen Eltern gegenüber stets fremd gefühlt. Mit einunddreißig Jahren erfuhr er, dass er aus einer früheren unehelichen Verbindung der Mutter hervorgegangen war. Die Mutter hatte den Stiefvater all die Zeit in dem falschen Glauben gelassen, er sei der Vater des Kindes. Leider war zu jener Zeit Philipps tatsächlicher Vater schon einige Jahre tot, so dass er ihn nicht mehr kennen lernen konnte.

In der Familienaufstellung fühlte sich die Mutter dem Mann und auch dem früheren Freund (Philipps Vater) gegenüber zutiefst schuldig. Den guten Platz fand Philipp neben seinem leiblichen Vater: »Ich habe dich nie kennen gelernt. Es ist so schlimm für mich!« Ein tiefer Schmerz ging durch Philipps Körper, als sein Vater ihn hielt und ihm sagte: »Es ist schlimm – jetzt nehme ich dich als meinen Sohn.« Vieles sprach in der Aufstellung dafür, dass auch ihm die Vaterschaft verschwiegen worden war.

Cornelius

Auch Cornelius fühlte sich in seiner Familie immer als Fremdkörper. Er ist das fünfte von sechs Kindern der Mutter. Diese hatte noch einen Sohn in einer früheren Beziehung geboren, den sie für einige Jahre in ein

Heim gegeben hatte und von dem sie nichts mehr wissen wollte.

In der Aufstellung stand die Mutter abgekapselt von allen, und der Vater schien auf etwas Merkwürdiges zu schauen, von dem er ganz eingenommen war. Die Kinder waren sich selbst überlassen. Sehr schnell sank der Vater zu Boden und zitterte. Auf Befragen ergab sich, dass der Vater gegen Ende des Krieges als Fünfjähriger aus Versehen in das kurz zuvor aus dem Schädel ausgetretene Gehirn eines umgekommenen Soldaten getreten war. Der Soldat war wie viele andere auch bei einem Bombenangriff tödlich verwundet worden und lag auf der Straße, als sich ihm das spielende Kind näherte. Der tote Soldat wurde mit in die Aufstellung hineingenommen: Er lag auf dem Boden und blickte den Vater von Cornelius an. Dem Vater entfuhr ein heftiger Schrei, und er wandte den Kopf von dem Toten ab. »Es ist so furchtbar«, murmelte der Vater.

Der Vater fühlte sich schuldig vor dem Toten. Ruhiger wurde die Situation erst, als die beiden nebeneinander lagen und sich anschauten. Der Soldat sagte: »Es ist nur ein Teil meines Körpers. Du brauchst dich nicht schuldig zu fühlen. Steh auf!« Der Vater schluchzte, und die beiden hielten sich innig eine Weile. Dann erhob sich der Vater. Doch er fühlte sich immer noch sehr schwach und zittrig. Hinter ihm wurden seine Eltern aufgestellt. Sie hielten ihn und sagten: »Es ist Krieg, ein schrecklicher Krieg, und du bist nur ein Kind. Du bist unschuldig, und du hast diesem Mann nichts getan!« Der Vater weinte wieder, und seine Eltern hielten ihn, bis er endlich wieder ohne Stütze stehen konnte. Während das Trauma des Vaters mit dem Soldaten zur Sprache gekommen war, litten seine Kinder intensiv mit. Erst als die Großeltern ihren Sohn wieder aus der Umarmung ließen und es dem Vater wieder gut ging, atmeten die Kinder auf.

Es wurden nun andere Dynamiken deutlich: Das älteste der Kinder, der Halbbruder von Cornelius, hatte weder Kontakt zu seiner Mutter noch zu seinem dazugestellten leiblichen Vater. Die einzige Person, der gegenüber er ein warmes Gefühl entwickeln konnte, war Cornelius' Vater (sein Stiefvater). Cornelius erzählte dazu, dass die Mutter den Sohn im Heim lassen wollte, doch dass der Stiefvater Mitgefühl mit dem Kind hatte und es gegen den Willen seiner Frau in die Familie holte. Die Kälte der Mutter bestätigte sich auch, als sich herausstellte, dass eines der Kinder eine Totgeburt war, die bislang nicht mitgezählt worden war; vom Vater konnte das Kind den Satz vernehmen: »Du gehörst jetzt ganz dazu.« Doch die Mutter konnte nicht das geringste Gefühl aufbringen und war völlig desinteressiert. Erst als sie weit von der Familie weggestellt worden war, ging es ihr und auch den Kindern gut.

Das Thema des »Hässlichen Entleins«, nicht zur Familie zu gehören, kommt hier durch Cornelius' älteren Halbbruder zum Ausdruck, von dem die Mutter nichts wissen wollte. Für Cornelius war ein wichtiger Lösungssatz, dass er seinem Vater sagte: »Nur du bist mein Vater, mit dem früheren Freund der Mutter habe ich nichts zu tun.«

Mit dem Halbbruder hatte Cornelius tief mitgefühlt und auch mit dessen Vater: Er empfand sich wie diese beiden als nicht dazugehörig. Das gleiche Lebensgefühl empfand der jüngste Bruder: Er schloss sich einer elitären politischen Gruppe an und ist seit Jahren im Ausland verschollen. Ein anderer wichtiger Moment der Aufstellung war für Cornelius die Gegenüberstellung mit diesem Bruder. »Egal, ob wir uns wieder sehen oder nicht, ich bin froh, wenn es gut weitergeht mit dir«, wünschte ihm der Bruder. Doch es fiel Cornelius nicht leicht, diesen Wunsch anzunehmen.

Marianne

Marianne hatte ihr ganzes Leben eine unterschwellige Traurigkeit verspürt. »Ich kann nicht glücklich sein, und ich fühle mich oft fremd.« Sie erzählte, dass sie im zweiten Lebensjahr von den Eltern als jüngstes der Kinder weggegeben worden war, weil die Mutter zu krank war. Sie litt an Tuberkulose. Vom zweiten bis sechsten Lebensjahr wuchs sie bei der Schwester des Vaters auf.

In der Aufstellung stand Marianne weit entfernt von der ganzen Familie und betrachtete sie alle als Fremde. Hinzugestellt wurde die Tante (Schwester des Vaters), bei der sie vier Jahre lebte. Es wurde schnell deutlich, dass es noch andere Motive des Weggebens gab: Als ich Marianne fragte, ob die Tante verheiratet gewesen sei und Kinder gehabt habe, fing die Stellvertreterin der Tante plötzlich an zu weinen. Sie hatte nämlich keinen Mann finden können und sich immer Kinder gewünscht. »Das ist mein Schmerz, dass ich keinen Mann habe«, schluchzte die Tante. »Wenigstens habe ich jetzt Marianne«, fügte sie hinzu und nahm sie in den Arm. Doch die Art und Weise, wie sie es tat, machte deutlich, dass das Kind als Ersatz herhalten musste. So wie die Tante das Kind anschaute, war klar, dass sie in Marianne eine nachträgliche Erfüllung ihres Familienwunsches sah.

Marianne sagte der Tante: »Ich danke dir dafür, was du für mich alles getan hast. Aber ich bin nicht dein richtiges Kind, sondern nur deine Nichte. Dort drüben steht meine wirkliche Mutter!« Diese Sätze machten die Tante zwar traurig, doch sie stimmte dem voll zu. Auch die Eltern wurden sehr traurig, als sie jetzt auf Marianne blickten. Der Vater hatte noch zuvor gemeint, man habe »zwei Fliegen mit einer Klappe geschlagen«: etwas Gutes für die Tante getan und die kranke Mutter durch die Weggabe des Kindes entlastet. Doch Marianne hatte stets unter dem Fremdheitsgefühl ihren Eltern und Geschwistern gegenüber gelitten. Sie berichtete, dass sie sich immer als »in der Klinik vertauschtes Kind« gesehen habe. »Ich kann gar nicht das leibliche Kind meiner beiden Eltern sein«, hatte sie sich stets gesagt. Als Marianne sechs Jahre alt war, kam sie von der Tante nach Hause zurück, doch kurz darauf starb die Mutter.

In der Aufstellung brach nun der Schmerz über die jahrelange Trennung von den Eltern auf, der stark mit Wut vermischt war. Diese Wut des kleinen Kindes musste ausgedrückt werden. »Ich bin wütend, dass ihr mich weggegeben habt.« Die Eltern zeigten Mitgefühl und verstanden den Schmerz des Kindes. Schließlich konnte Marianne, am ganzen Körper zitternd, den Eltern sagen: »Ich habe dieses Opfer gerne für euch gebracht! Das war mein Beitrag.« Um Marianne zu helfen, berührten die Eltern sie sanft an der Brust, worauf diese sich ihrem Schmerz ganz hingab. Anschließend konnte sie auch den Schmerz über den Tod der Mutter zulassen, sie in den Arm nehmen und ihr sagen, wie sehr sie sie nach ihrem sechsten Lebensjahr vermisst hatte.

Anschließend wurde versucht, ein Lösungsbild aufzustellen. Doch das war zunächst nicht möglich. Die Mutter zog es fort zu einer Totgeburt, die sie gehabt hatte. Marianne musste ihre Mutter mit dem toten Geschwister gehen lassen. Doch auch den Vater hielt es nicht bei seinen Kindern. Ihn zog es zur verstorbenen Frau, die er sehr liebte. Marianne berichtete später, dass der Vater nach dem Tod der Mutter nie mehr richtig »präsent« gewesen sei. Immer habe ihn ein Gefühl von Starre und Lustlosigkeit umgeben, das stets auch ihr Lebensgefühl gewesen sei. Den Vater musste Marianne in der Aufstellung ebenfalls gehen lassen.

Die Geschwister hatten nur noch sich selbst. Der älteste Bruder sagte: »Gemeinsam sind wir stark.« Erst dann
ging es allen Kindern gut.

Es muss noch erwähnt werden, dass Marianne verheiratet ist und Kinder hat. Um einen Sohn machte sie
sich große Sorgen. Von Kindesbeinen an konnte er
das Wort »Blut« nicht hören, ohne dabei ohnmächtig
zu werden. Auch Blut zu sehen hatte die gleiche Wirkung. Als später in der Schule die Krankheit Tuberkulose im Biologieunterricht behandelt wurde, fiel das
Kind ebenfalls in Ohnmacht und wurde anschließend
verhaltensauffällig.

Im selben Seminar wurde bei der Aufstellung des Ge-
genwartssystems deutlich, dass der Sohn aufs Engste
mit der tuberkulosekranken Mutter Mariannes verbunden war. Das Kind hatte den Schmerz Mariannes
getragen und auf seine Art und Weise an die Großmutter erinnert.

Im Aufstellungsbild der Gegenwartsfamilie war Marianne wie erstarrt. Für sie sprang der Sohn in die Bre-
sche. Er stand im Laufe der Aufstellung neben der
Großmutter und sagte der Mutter: »Für dich ist es zu
viel. Ich erinnere an die Großmutter!« Die Mutter
wurde dadurch aus ihrer Lethargie geweckt. Sie wollte
dieses Opfer des Sohnes nicht.

Der Sohn sagte im Verlauf der Aufstellung zur Großmutter: »Du musst meiner Mutter sehr gefehlt haben.
Ich habe gerne durch meine Angst vor Blut an dich
erinnert, doch jetzt tue ich es auf ganz neue Weise.«

Die Großmutter freute sich über diese Worte. Sie entfernte sich von der Gruppe, während Marianne mit dem Sohn zu ihrem Mann zurückging. Der Sohn fand seinen Platz direkt neben dem Vater.

Hannelore

Hannelore ist ein Einzelkind und leidet, solange sie denken kann, an Angst und Fremdheitsgefühlen gegenüber ihrer Familie. Die Großmutter mütterlicherseits war ein Waisenkind gewesen. Auch Waisenkinder sind »hässliche Entlein«, die sich überall fremd fühlen und die niemand haben will. Wie die Aufstellung zeigte, war Hannelore mit ihr verbunden. Sie fühlte sich so ungewollt und fremd, wie sich die Großmutter stets gefühlt hatte. Durch Flucht und Vertreibung aus der Heimat musste Letztere später ein zweites Mal in die Fremde.

Es zog Hannelore an Stelle ihrer Mutter weg zu den Großeltern, insbesondere zur Großmutter. Diese hatte nicht nur das Schicksal des Waisenkindes zu tragen, sie hatte auch eines ihrer Kinder früh verloren. Für Hannelores Mutter kam noch erschwerend hinzu, dass ihre beiden Eltern früh verstarben und sie sie vermisste. Ebenfalls traumatisch war für die mütterliche Familie die Flucht aus ihrem ostdeutschen Heimatgebiet, wo sie Haus und Besitz zurücklassen mussten. Im Lösungsbild fand sich der gute Platz für Hannelore neben dem Vater. Hannelore sah die tiefe Liebe ihrer

Mutter zu ihrem toten Geschwister und auch zur eigenen elternlosen Mutter und konnte sie dort in Liebe lassen. Dies war jedoch erst möglich, nachdem sie ihre Liebe zu Mutter und Großmutter fließen lassen konnte. Flucht und Vertreibung mit anschließendem Aufwachsen in der Fremde habe ich im Stammbaum von Menschen, die das »Hässliche Entlein« als wichtiges Märchen erwähnten, des Öfteren beobachtet.

Tamara (aus einem Märchenseminar)

Auch Tamara hatte das Lebensgefühl des hässlichen Entleins. Auf die Frage, was sie am Märchen besonders berührt habe, erzählte sie vom Leben des Entleins in einer fremden Umgebung. Sie fühlte sich wie in der Fremde. Wie Tamara in dem Märchenseminar berichtete, hatte sie vor kurzem ihre Ursprungsfamilie bei einem Therapeuten aufgestellt. Ihrem Bericht zufolge zeigte sich, dass dieses Lebensgefühl von ihrer Mutter kam. Die Mutter war Norwegerin lappischen Ursprungs und hatte schon sehr jung einen Deutschen geheiratet. Aus dieser Ehe stammt Tamara. Die Mutter hatte sich nur schwer in der Fremde eingelebt. Ihre Sprache und ihre Kultur fehlten ihr sehr. Tamara fühlte sich als Deutsche, doch sie nahm sich vor, sich mehr mit der Kultur der Mutter zu beschäftigen.

Anneliese ist das jüngste von fünf Geschwistern. Schon als sie noch klein war, hatte sie die Phantasie gehabt, sie sei nicht das richtige Kind ihrer Eltern: Sie sei in der Klinik mit einem anderen Baby vertauscht worden.

In dieser Aufstellung, die Bert Hellinger als Therapeut leitete, ergab sich kein Hinweis auf ein uneheliches oder untergeschobenes Kind. Es zeigte sich jedoch schnell, dass weder Vater noch Mutter präsent waren. Die Mutter wurde von allen gehalten, damit sie nicht wegging. Sie zog es zu ihrem früh verstorbenen Bruder. Anneliese wollte zu ihr hin: »Ich habe so Sehnsucht nach dir, Mama!« Die Mutter wiederum sprach zu ihr: »Ich segne dich, wenn du bleibst.« Auch der Vater sagte ihr diesen Satz. Ihn zog es zu seiner verstorbenen Verlobten und seiner früh verstorbenen Schwester, mit der Anneliese identifiziert ist.

Halt konnte Anneliese nur bei den Geschwistern finden. Sie fassten sich an der Hand und bildeten einen Kreis. In diesem Schlussbild ging es Anneliese gut, auch wenn eine gewisse Schwere über der Familie blieb.

»Aschenputtel«: Allein in der Stieffamilie

Zusammenfassung des Märchens

Eine Frau lag im Sterben und rief ihre einzige Tochter ans Bett. Kurz bevor sie verschied, sagte sie ihr, dass sie vom Himmel auf sie schauen werde und immer in ihrer Nähe sein würde. Nach einer Weile heiratete der Vater wieder. Die Stiefmutter brachte zwei schöne Töchter mit ins Haus, die Aschenputtel stets vorgezogen wurden. Die Stiefmutter und die Stiefschwestern machten ihr das Leben so schwer wie nur möglich: Sie erniedrigten sie zur Küchenmagd, tauschten ihre schönen Kleider gegen schmutzige und graue. Anschließend verhöhnten sie sie als »Prinzessin«. Jeden Tag musste das Kind die schwerste Arbeit tun, und nachts durfte es nicht mehr im Bett schlafen, sondern auf dem blanken Boden neben dem Küchenherd. Da es deshalb so schmutzig aussah, nannten es alle »Aschenputtel«. Von einem Einschreiten des Vaters gegen diese Behandlung berichtet das Märchen nichts.

Auf dem Grab der Mutter pflanzte Aschenputtel einen Haselbusch und goss ihn mit den eigenen Tränen. Schnell wuchs der Busch zu einem schönen Baum. Jeden Tag kam sie hierher, um zu weinen und zu beten. Jedes Mal gesellte sich ein weißer Vogel dazu, der dem Kind stets einen Wunsch erfüllte, sobald es ihn aussprach.

Eines Tages veranstaltete der König ein Fest, damit sein Sohn sich eine Braut suchen könne. Aschenputtel musste den Stiefschwestern die Haare kämmen und sie zu dem Fest herausputzen. Aschenputtel wäre auch gern zum Tanz gegangen, doch die Stiefmutter meinte, sie habe keine Kleider und sei zu schmutzig. Als sie aber weiter bettelte, sagte die Stiefmutter: »Da habe ich dir eine Schüssel Linsen in die Asche geschüttet; wenn du die Linsen in zwei Stunden ausgelesen hast, so sollst du mitgehen.«

Aschenputtel rief die Vögel herbei, damit sie halfen: »... die guten ins Töpfchen, die schlechten ins Kröpfchen.« Als die Arbeit in einer Stunde geschehen war, brachte sie der Stiefmutter die Linsen, doch diese wollte ihr Wort nicht halten. Stattdessen befahl sie ihr, die doppelte Arbeit in einer Stunde zu tun. Sollte sie das schaffen, würde sie sie gehen lassen. Auch jetzt halfen die Vögel, aber die Stiefmutter hielt ihr Wort wiederum nicht. Sie ging mit ihren zwei Töchtern allein zum Ball.

Doch am Haselbaum erhielt Aschenputtel ein silberngoldenes Kleid mit seidenen Pantoffeln. Auf dem Ball tanzte der Königssohn mit ihr, doch niemand erkannte, wer sie wirklich war. Er wollte sie nach Haus begleiten, doch sie entwischte ihm. Schließlich legte sie das Kleid aufs Grab, und der Vogel nahm es ihr wieder ab.

Am nächsten Tag erhielt Aschenputtel ein noch schöneres Kleid, und alles geschah wie am Vortag. Am dritten Tag erhielt sie ein noch prächtigeres Kleid. Da der Prinz schon ahnte, dass seine Tänzerin wieder flüchten würde, hatte er Pech auf die Treppe schütten lassen. Dort blieb ein Schuh Aschenputtels hängen, mit dem er sie überführen wollte. Doch die Stiefschwestern mit ihren viel größeren Füßen wollten unbedingt den Prinzen heiraten. Die erste schnitt sich auf Anraten der Mutter einen Zeh ab, damit der Schuh passte, aber das Blut verriet sie. Genauso erging es der zweiten Tochter, die sich die Ferse hatte abschneiden lassen.

Nun drängte der Prinz Aschenputtel, den Schuh zu probieren. Die Stiefmutter wollte das verhindern. Der Prinz bestand jedoch darauf, und so fand er die rechte Braut, die er bald heiratete. Den Stiefschwestern jedoch pickten die Tauben als Strafe für ihre Bosheit die Augen aus.

Thesen zum »Aschenputtel«

Dieses Märchen hat zwei völlig unterschiedliche Dynamiken. Im ersten Teil geht es um Dinge, die ein Kind tatsächlich auf schmerzliche Weise erfahren haben kann, während die Geschehnisse aus dem zweiten Teil nicht im Kindesalter erlebt werden: Dort geht es um die Rivalität von Frauen um einen Mann, doch nur eine kann ihn bekommen.

Im ersten Satz des Märchens ruft eine sterbende Mutter ihr Kind ans Bett und sagt ihm ihre letzten Worte. Anschließend wird die Trauer um die tote Mutter beschrieben und erwähnt, dass der Vater sich eine neue Frau nahm. Der erste Teil bezieht sich auf das biographische Erleben des Kindes selbst, zuweilen kann es auch mit einem Familienmitglied mitfühlen, das in einer Aschenputtelsituation gewesen ist; doch trifft das meiner Beobachtung nach seltener zu. Bei denen, die dieses Märchen nennen, fällt schnell ins Auge, dass viele einen früh verstorbenen Elternteil zu beklagen hatten. Auf die Frage, was sie denn am meisten an diesem Märchen bewegt habe, antworten fast alle etwa so: »Ich habe immer mit Aschenputtel mitgefühlt, denn sie hat dasselbe erlebt wie ich; auch ich habe früh meine Mutter (meinen Vater) verloren und musste dann in einer schwierigen Stieffamilie aufwachsen.« In meinen Seminaren spielte dieser erste Märchenteil mit der hier beschriebenen Dynamik die vorherrschende Rolle.

Was es bedeutet, sich wie ein »Aschenputtel« zu fühlen, braucht man niemandem zu erklären; denn es ist in die Umgangssprache eingegangen. In der Tat fühlt sich die Kinderseele von diesem Märchen angesprochen, wenn sie sich als ausgestoßen, erniedrigt und benachteiligt erlebt.

Wie im Märchen ist bei vielen tatsächlich die Mutter früh gestorben, zuweilen kann es aber auch der Vater sein. Der noch lebende Elternteil kümmert sich meist nicht um das Kind. Viele sind auch in problematischen

Stief-, Pflege- oder Adoptivelternkonstellationen aufgewachsen oder waren gar im Heim. Rivalitäten mit
Stiefgeschwistern sind oft zu beobachten. Nicht selten
ist der Rat Suchende das älteste Kind und wird dennoch in besonderer Weise vernachlässigt. Das Selbst-
wertgefühl entspricht der Märchenheldin: Man traut
sich nichts zu und hat die denkbar schlechteste Meinung von sich selbst.

Das Kind hofft auf den Beistand durch den noch
lebenden Elterteil und sehnt sich nach dem toten. Die
Hilfe jedoch bleibt aus, weil aus der Aschenputtelsituation kein Entrinnen ist: Man ist völlig den Fremden ausgeliefert und ganz auf sich selbst gestellt. In
diesem Punkt unterscheidet sich das Aschenputtel-
märchen von vielen anderen. Bei »Hänsel und Gretel«
kann man sich zumindest noch mit einem Geschwister
zusammentun.

Die Lösung erfordert vom Kind, den früh verstorbenen
Elternteil im Herzen zu finden und den Schmerz um
ihn zuzulassen. Mit der bewussten Rückverbindung
zur verstorbenen Mutter oder dem verstorbenen Vater
kehrt die Kraft zum Leben zurück. In einigen der von
mir untersuchten Lebensgeschichten ist weder der
Vater noch die Mutter verstorben, noch gab es die
geschilderte Rivalität um einen Mann (zweiter Märchenteil). Alles scheint auf den ersten Blick »normal«
zu sein. Bei näherer Befragung ergab sich dann, dass
ein Elternteil, meist die Mutter, wie eine schlimme
Stiefmutter erlebt wurde (siehe die Fallgeschichte von

»Bettina«, bei der zwar der Vater gestorben ist, die aber ihre leibliche Mutter so erfuhr).

Im zweiten Märchenteil geht es vordergründig um die als böse geltenden Stiefschwestern und den Kampf um den Prinzen. Doch man kann die Sache auch ganz anders sehen: Niemand hat Mitleid mit den beiden, die zugunsten von Aschenputtel auf den Prinzen verzichten müssen und sogar noch mit dem Verlust von Augenlicht und Gliedmaßen bezahlen müssen. Solidarisch mit ihnen empfindet jedoch eine Person, die im Märchen nicht erwähnt wird: die Tochter von Aschenputtel. Sie fühlt sich solidarisch mit den Frauen, die in diesem Konkurrenzkampf unterlagen. Nach der Erfahrung zweier anderer Therapeuten[23] ist derjenige, der dieses Märchen nennt, oft mit einer früheren Frau des Vaters verbunden, die dieser zugunsten der Mutter verlassen hat.

Nach Bert Hellingers Erfahrung weist »Aschenputtel« manchmal auch hin auf von harter Arbeit geprägte Frauenschicksale im Stammbaum der Mutter. Da mag die Mutter oder Großmutter vom Prinzen und von rauschenden Festen träumen, doch sie muss extrem hart arbeiten. Mit ebenjener Frau fühlt dann oft das

---

[23] An dieser Stelle wurde Bezug genommen auf Jakob R. Schneider/Brigitte Gross: *Ach wie gut, dass man es weiß – Märchen und andere Geschichten in der systemisch-phänomenologischen Therapie*, Heidelberg 2000, S. 78 ff.

Kind mit, das dieses Märchen als wichtig erlebt. Hellinger sagte einmal über die Dynamik des Aschenputtelmärchens: »Sehnsucht nach dem Prinzen, schon in der dritten Generation.«[24]

Es folgen nun Lebensgeschichten zu den drei hier beschriebenen Dynamiken. Die am Anfang stehenden Geschichten von Simone und Selma beziehen sich auf den zweiten Teil des Märchens: die Rivalität unter den Frauen. Die Lebensgeschichten ab »Samira« beziehen sich auf den ersten Märchenteil. In der vorletzten Geschichte, »Konstanze«, verbindet sich das von Bert Hellinger erwähnte harte Frauenschicksal mit dem häufig anzutreffenden frühen Tod eines Elternteils. In der Tat gilt es, darauf zu achten, ob die hier beschriebenen drei Dynamiken auch in einer Kombination angetroffen werden können. Auch im letzten Beispiel »Gisela« findet sich ein schweres Frauenschicksal in der Familie.

[24] Vgl. Schneider/Gross, a. a. O., S. 81.

Simone

Simone hatte Partnerschaftsprobleme. Sie war verlobt, fühlte sich jedoch mit dem Mann unwohl. Als sie das Wort »Verlobter« aussprach, kicherte sie wie ein Schulmädchen. Sie traute sich nicht, den Mann wirklich zu nehmen.

Noch eine andere Frau traute sich nicht, einen Mann zu nehmen: Simones Mutter. Diese rivalisierte lange mit einer anderen Frau um den Vater. Beide Frauen wurden vom Vater schwanger. Beide gebaren Töchter. Weil beide Eltern mittlerweile schon tot waren, wusste Simone leider nicht genau zu sagen, ob sie älter als ihre Halbschwester ist. Jene andere Frau und die Halbschwester waren bis in die Gegenwart völlig tabuisiert. Nach dem Krieg meldete sich einmal die verarmte Halbschwester und bat um Unterstützung, da Simones Vater offensichtlich sein Kind und dessen Mutter ignorierte. Simones Mutter fertigte das Kind in kalter Weise ab. Zu Simone gewandt, sagte sie: »Denen geben wir nichts!« Simone kann sich auch noch erinnern, dass die Mutter nach dem Tod des Vaters gesagt hatte: »Die zwei kriegen nichts vom Erbe!« Tatsächlich gingen sie leer aus.

In einer Aufstellung mit Symbolen schaute Simone zu jener Freundin des Vaters und zu ihrer Halbschwester. Sie fühlte sich so einsam, wie diese beiden sich gefühlt hatten. Es war offensichtlich, dass sie das Schicksal der verlassenen Frau nachahmte und sich in Erinnerung an sie nicht traute, einen Mann zu nehmen. Auf den Symbolen war deutlich zu spüren, dass die frühere Freundin wütend auf Simones Vater war, der sich nicht im Geringsten mehr um die beiden gekümmert hatte. Auch Simones Halbschwester war wütend auf den Vater, der sie nicht beachtete. Der Vater wiederum konnte weder Simones Mutter noch die Freundin anschauen. Er wäre am liebsten weggerannt, so sehr schämte er sich.

Simone hatte stets die Arroganz und Tabuisierung der Mutter mitgetragen: Sie lehnte die Freundin des Vaters und die Halbschwester genauso intensiv ab wie die Mutter. Umso erstaunter war sie, als sie auf ihrem eigenen Symbol wahrnehmen konnte, wie viel Liebe zwischen ihr und der Halbschwester bestand und wie viel Sympathie sie für die verlassene Freundin des Vaters spüren konnte.

In weiteren Schritten ging es unter anderem darum, dem Vater, der Mutter und der Freundin zu sagen, dass sie nur ein Kind sei und die Erwachsenen ihre Angelegenheiten selber in die Hand nehmen müssen. Vor allem aber musste sie nun ihre unbekannte Halbschwester suchen und Kontakt herstellen. Auf diese Weise kann auf der Ebene der Kinder noch etwas heilen. Mit »Aschenputtels« unterlegener Rivalin muss Simone nicht mehr mitfühlen, sie darf sich nun trauen, endlich Glück mit den Männern zu haben.

»Warum habe ich so viel Pech mit den Männern?«, war auch Selmas Frage für eine Aufstellung. »Außerdem habe ich einen furchtbar blöden Vornamen!«, fügte sie hinzu.[25] Auf die Nachfrage, ob es noch eine zweite Selma in der Familie gebe, kam die erste Liebe ihres Vaters zum Vorschein. Ziemlich abwertend erzählte Selma von dieser Frau. Die Mutter hatte mit dieser früheren Frau rivalisiert, doch der Vater verließ Selma zugunsten der Mutter; dennoch hing er zeitlebens an Ersterer und konnte sie nie vergessen. Die Mutter hatte ängstlich während mehrerer Jahrzehnte immer den Lebenslauf ihrer Konkurrentin überwacht. Selma verwand den Verlust nie. Sie hatte nie geheiratet.

Die kleine Selma kopierte das Leben der glücklosen älteren Selma. Sie hatte so viel Pech mit Männern wie jene. In der Aufstellung war die Mutter wütend auf den Vater, der Selma nie vergessen konnte und sie offensichtlich nie richtig als Frau genommen hatte. Doch sie selber traute sich auch nicht, den Vater im Angesicht des Verlusts der anderen Frau zu nehmen. Der Vater ging sofort an die Seite der früheren Verlobten, wo er auch nicht mehr weggehen wollte. Die kleine Selma schaute auf die große Selma, als ob sie ihre Mutter wäre. Für den Vater stellte es sich so dar, als sei seine Tochter mit Selma gezeugt worden und nicht mit

[25] Wie alle Namen in diesem Buch wurde auch dieser Vorname geändert.

seiner Frau. Solch seltsame Phantasien eines Elternteils können sich in Aufstellungen zeigen!

Glück mit den Männern hat eine Frau nur, wenn sie
ihre eigene Mutter ganz als Mutter nimmt. So verab-
schiedete sich die kleine Selma vom Vater und ging
zur Mutter. Es folgten die Lösungsschritte, die wir
schon vom »Dornröschen« kennen. Am Ende sagte sie
ihrer Mutter: »Ich suche mir einen netten Mann. Mit
dir im Rücken hab ich jetzt Glück bei den Männern!«
Da meldete sich im Hintergrund der Vater noch einmal
zu Wort: »So glücklich sollst du werden, wie ich es mit
meiner Selma bin!« Alles lachte.

An diesem Beispiel zeigt sich, wie nah »Dornröschen«
und »Aschenputtel« von ihrer Dynamik her verwandt
sein können. Im »Aschenputtel« steht jedoch, was den
zweiten Märchenteil betrifft, die direkte Konkurrenz
von Frauen um einen Mann im Vordergrund.

Samira (aus einem Märchenseminar)

Samira ist eine junge in Deutschland geborene Perse-
rin. Sie spricht perfekt Deutsch und etwas weniger gut
Persisch. In ihrer Kultur ist es üblich, dass die Ehe
durch die Eltern gestiftet wird. Keiner der beiden
Eltern hatte frühere Beziehungen zu anderen Männern
oder Frauen. Jener zweite Teil des Aschenputtelmärchens kommt hier von vornherein nicht infrage. Auch
in der Großelterngeneration gab es keine früheren
Partner der Eltern.

Samiras Eltern waren früh nach Deutschland gekommen, um hier zu arbeiten. In ihrer Kindheit hatte Samira viel Kontakt mit deutschen Kindern, und sie lernte schnell auch Grimms Märchen schätzen und lieben, insbesondere »Aschenputtel«. Der erste Teil des Märchens ist ihre Geschichte: Als Samira neun Monate alt war, starb die Mutter an einem Infekt. Der Vater war mit der kleinen Samira und ihren drei älteren Geschwistern überfordert. Überstürzt heiratete er eine deutsche Frau, die sich um die Kinder kümmern sollte, doch das ging nur kurze Zeit gut. Es kam zur Scheidung.

Samiras zweite Stiefmutter, des Vaters dritte Frau, stammte dann wieder aus dem eigenen Kulturkreis. Mit ihr hatte der Vater noch einmal drei Kinder, Samiras Halbgeschwister, die stets den Kindern aus der ersten Ehe vorgezogen wurden. Die Stiefmutter wird von Samira wie die Stiefmutter im Märchen beschrieben: Sie war eifersüchtig, intrigant, und sie verhinderte den Kontakt des Vaters zu seinen eigenen Kindern aus der ersten Ehe. Sie tabuisierte Samiras Mutter; es war verboten, sie zu erwähnen. Außerdem versuchte sie, jene älteren Kinder zu benachteiligen, wo immer es ging. Der Vater seinerseits hielt sich – wie sein Gegenstück im Märchen – völlig zurück und ließ alles widerstandslos geschehen, was seinen älteren Kindern schadete.

Verena (aus einem Gespräch)

Auch bei Verena geht es um den ersten Teil des Märchens. Sie war depressiv und unternahm mit siebzehn Jahren einen Selbstmordversuch. Ihre Mutter war an Krebs gestorben, als Verena drei Jahre alt war. Nach dem Tod der Mutter blieb sie beim Vater, hatte jedoch unter der Stiefmutter zu leiden. Als der Vater sich von der Stiefmutter trennte, nahm er sich bald eine weitere Frau. Auch mit ihr hatte Verena immerzu Streit. Der Vater hatte wenig Interesse an seiner Tochter und versuchte, das »Alltagsgeschäft« der Erziehung an seine jeweilige Partnerin zu übergeben. All das ist im Märchen ähnlich beschrieben.

Die therapeutische Aufgabe in solch einem Fall entnehmen wir ebenfalls dem Märchen: die Wiederannäherung an die tote Mutter. Verena kann in Kontakt kommen mit dem Schmerz, die Mutter so früh verloren zu haben. Sie darf sich wieder der Liebe zu ihr bewusst werden. Mit der Liebe zur Mutter im Herzen lässt sich sowohl ein »goldenes Kleid« als auch ein »Prinz« gewinnen. Da Verena für beide Eltern nur Hohn und Spott übrig hatte, kam es nicht zu einer Familienaufstellung.

Anton

Anton litt seit vielen Jahren an Angstattacken. Er hatte im Alter von neun Jahren seine Mutter verloren, die an Krebs verstarb. Außerdem war er ein Zwilling, der andere männliche Zwilling starb bei der Geburt. Es war nicht bekannt, ob der Zwillingsbruder oder Anton der Ältere war.

Nach dem Tod der Mutter hatte der Vater erneut geheiratet. Der in dieser Ehe gezeugte Halbbruder wurde ihm vorgezogen. Ähnlich wie im Märchen hielt sich der noch lebende Vater seinem ersten Sohn gegenüber zurück. Von ihm war nur wenig Unterstützung zu erhalten. Anton erinnert sich noch gut an die angstbesetzte Atmosphäre seines zweiten Elternhauses: Seine leibliche Mutter wurde völlig tabuisiert. Wenn er sie erwähnte, wurde die Stiefmutter sofort böse. »Ich zitterte vor der Stiefmutter«, berichtete Anton.

Antons starke Angst vor der Stiefmutter zeigte sich im Aufstellungsbild. Er ließ sich erst beruhigen, als die Stiefmutter einen Schritt rückwarts ging und seine verstorbene Mutter mit dem toten Zwillingsbruder ins Blickfeld rückte. Anton zog es zu ihnen. Er wollte bei dem toten Bruder und der toten Mutter sein. Die Mutter wiederum zog es zu einem früh an einer Kinderkrankheit verstorbenen Bruder.

Der Hintergrund für Antons Angstattacken war jedoch nicht die Angst vor der Stiefmutter, sondern seine Solidarität mit dem Zwillingsbruder: »Wie kann ich leben, wo du doch tot bist! Ich will zu dir!« Zum ersten Mal in seinem Leben konnte Anton seinen Bruder wahrnehmen. Als er ihm in die Augen schaute, merkte er, dass er sich nicht schuldig fühlen muss, wenn er lebt: »Ohne dich und Mama ist es so schwer, doch euch zur Freude bleib ich!«

Die Stiefmutter war nicht bereit, jener toten Frau, der sie den Ehemann verdankte, die Ehre zu erweisen. Ihr Sohn jedoch, Antons Halbbruder, fühlte sich den beiden Toten tief verbunden. Der Halbbruder versuchte, für seine Mutter auszugleichen, was diese an Anerkennung für die Früheren in der Familie nicht vollzog.

Nach einigen Zwischenschritten stand Anton mit seinem Zwillings- und dem Halbbruder vor dem Vater und der Stiefmutter. Auf der rechten Seite des Vaters war Antons Mutter mit ihrem früh gestorbenen Bruder. Allmählich zog es die Stiefmutter vom Vater weg; der Abstand vergrößerte sich immer mehr: »Ich traue mich nicht, ihn zu nehmen«, sagte die Stiefmutter. So geht es zweiten Frauen, die die frühere Frau und deren verstorbene Kinder nicht achten.

Anton jedoch fühlte sich sicher bei seinem Vater und bei seinem Zwillingsbruder. Vor allen anderen war der tote Zwilling die wichtigste Person für ihn. Anton erzählte später, wie überrascht er war, die schwache Position der Stiefmutter zu sehen. In der Realität war es stets umgekehrt: Sie war immer hart und dominant. Dieser Widerspruch ist allerdings nur ein scheinbarer. Ähnliche Rückmeldungen erhält man in vielen Seminaren: Rigides und starkes Auftreten findet man nicht selten bei solchen Familienmitgliedern, die in einer schwachen Position sind. Es ist, als ob sie mit ihrer

Aktivität die Schwäche überspielen wollten. Nur die wenigsten Familienmitglieder erkennen jedoch diesen Hintergrund.

Friedhelm

Friedhelm litt unter Allergien und Nierenkoliken. »Eigentlich möchte ich nicht leben, ich wollte es noch nie«, sagte er. Seine Mutter war unehelich schwanger geworden, was deren Familie als Schande ansah und als Anlass betrachtete, sie zu »verstoßen«. Friedhelms Vater war schon verheiratet gewesen. Friedhelms Mutter gab ihren Sohn, als er neun Monate alt war, in eine Pflegefamilie. Sie hatte zu jener Zeit einen anderen Mann kennen gelernt und wollte mit ihm »noch einmal ganz von vorne anfangen«. In der Folge sah Friedhelm seine Mutter nur äußerst selten, diese hielt jedoch den Kontakt zu der Pflegemutter aufrecht.

Die Situation in der Pflegefamilie war äußerst schwierig: Der Pflegevater erschoss sich, als Friedhelm knapp zwei Jahre alt war; als er neun wurde, starb die Pflegemutter. Es wurden neue Pflegeeltern gefunden, bei denen sich Friedhelm jedoch nie wohl fühlte. Mit siebzehn Jahren verließ er sie und schlug sich allein durchs Leben.

Die Aufstellung zeichnete eine schwierige Situation: Friedhelm war von allen unerwünscht und fand nirgends Halt, weder bei den Eltern noch bei den vier

Pflegeeltern. Zu seiner Mutter sagte Friedhelm: »Für meine Geburt haben dich deine Eltern verstoßen. Du willst mich nicht. Ich nehme das Leben von dir, und ich schaffe es allein.« Ähnliches sagte er seinem Vater, doch beide Eltern reagierten kaum. Ihnen war der Sohn gleichgültig.

In Bezug auf die zweiten Pflegeeltern sprach Friedhelm das Thema des sexuellen Missbrauchs an: Beide Pflegeeltern hatten sich sexuell an ihm vergangen. Sie schämten sich nun und waren erleichtert, als er ihnen die Schuld ließ. Doch neben dem Zuweisen der Schuld war noch etwas anderes wichtig. Allen Pflegeeltern dankte er für das, was er von ihnen im Guten erhalten hatte: »Ich war nicht euer Kind, und doch habt ihr euch um mich gekümmert. Zuweilen war es hart für mich, bei euch zu sein. Ich danke euch für das, was ihr mir gegeben habt.« Diese Sätze waren sowohl für die Pflegeeltern als auch für Friedhelm erleichternd. Die Ersteren spürten, dass der Dank von Herzen kam, was für sie sehr entlastend war, so dass sie Friedhelm nun gehen lassen konnten. Auch bei den ersten Pflegeeltern hatte sich Friedhelm zuvor bedankt.

So mancher hätte all das nicht verkraftet, was Friedhelm hinter sich hatte. Doch er hatte vom Schicksal offensichtlich eine besondere Kraft erhalten. Im Schlussbild kehrte er allen den Rücken und schaute in eine neue Richtung: in die Zukunft. Der Blick zurück fesselt hier nur, der Blick in die Zukunft eröffnet Möglichkeiten.

Carola trug stets ein Engegefühl in ihrer Brust und tat sich im zwischenmenschlichen Kontakt schwer. Sie erlebte sich seit jeher als »Aschenputtel« und betrachtete sich als minderwertig. Die Mutter lebte in einer zunächst kinderlosen Ehe und hatte einen Seitensprung mit einem Mann aus Aserbeidschan. Aus diesem Kontakt entsprang Carola. Um die Ehe nicht zu gefährden, gab die Mutter Carola sofort zur Adoption frei. Anschließend empfing sie von ihrem Mann zwei Töchter.

Carola lebte in einer äußerst problematischen Adoptionsfamilie. Sie hatte sich stets missbraucht gefühlt. Die Adoptiveltern konnten keine Kinder bekommen und hatten ihre schlechte Ehe mit dem Adoptivkind zu kitten versucht. Dies musste misslingen. Die schlechte Ehe der beiden war den Behörden bei der Adoption bekannt gewesen, doch es konnte kein anderes Paar gefunden werden.

Zur leiblichen Mutter hatte Carola dreißig Jahre lang keinen Kontakt gehabt. Irgendwann entschloss sie sich, sie doch noch kennen zu lernen. Der Kontakt war von Seiten der Mutter äußerst angstbesetzt. Sie wollte auf keinen Fall, dass ihre zwei anderen Töchter von ihrer älteren Halbschwester und dem Seitensprung ihrer Mutter erfuhren. Trotz mehrfachen Bittens von Carola weigerte sich die Mutter auch, den Namen des aserbeidschanischen Vaters preiszugeben.

Zur Klärung ihrer Familienverhältnisse entschloss sich Carola, eine Familienaufstellung zu machen. Im Anfangsbild kippte die Mutter nach hinten um. Sie fühlte sich Carola gegenüber schuldig. Carola sagte ihr zu einem späteren Zeitpunkt der Aufstellung: »Ich danke dir für das Leben, das ich von dir erhalten habe. Die Schuld lasse ich ganz bei dir. Jetzt ziehe ich mich von dir zurück. Ich erwarte nichts mehr von dir.«

Der leibliche Vater war zunächst irritiert. Es hatte den Anschein, als ob er gar nicht wusste, dass er eine Tochter gezeugt hatte. Nachdem Carola zu ihm gesprochen hatte: »Ich bin deine Tochter«, taute der Vater auf. Er lächelte und sagte »Wunderbar!« – Carola: »Ich kenne dich immer noch nicht! Ich werde dich suchen.« Der Vater schaute sehr freundlich und nickte: »Tu das!« Carola hatte mit detektivischem Eifer herausgefunden, dass ihr Vater damals an einer deutschen Universität studierte. Sie erhoffte sich nun, über die Universitätsverwaltung weitere Aufschlüsse über die Identität ihres Vaters zu erhalten. Da zum damaligen Zeitpunkt nur eine Hand voll Aserbeidschaner in Deutschland waren, hatte sie viel Hoffnung, seinen Namen herauszubekommen.

Entgegen den Befürchtungen der Mutter waren die beiden jüngeren Halbschwestern ihrer älteren Schwester gegenüber sehr aufgeschlossen. In ihrer Seele wussten sie, dass sie ihr Lebensglück dem schweren Schicksal von Carola verdankten. Für alle drei Kinder

wäre es gut, wenn sie Kontakt hätten. Neben den Halbschwestern ging es Carolas Stellvertreterin gut.

Geklärt werden konnte auch noch die Beziehung zu
den Adoptiveltern. Carola spürte ihre Wut und drückte
sie auch aus: »Ihr habt mich benutzt!« Die Adoptiveltern stimmten dem zu. Doch für alle drei fehlte noch
etwas zur Lösung. Carola sagte ihnen: »Ihr habt mir
geholfen nach eurem Vermögen. Ich hatte niemanden,
und ihr habt mir das Überleben gesichert. Das werde
ich nicht vergessen. Danke!« Da kamen ihr die Tränen.
Nur dem, der seinem Schicksal ganz zustimmt und das
Gute im Leid nimmt, öffnet sich ein neuer Weg. Hass
und lebenslanger Vorwurf dagegen machen all das
unmöglich, weil sie problematische Bindungen ver-
stärken.

Bettina

Auch in Bettinas Fall ist ein Elternteil früh gestorben,
nämlich der Vater. Als »Stiefmutter« wurde hier jedoch
die eigene Mutter empfunden. Bettina leidet schon ihr
ganzes Leben darunter, dass ihre Mutter sie ablehnt
und ihr die zwei Halbschwestern aus der zweiten Ehe
vorzieht. Sie selbst stammt aus einer früheren unehelichen Verbindung ihrer Mutter. Der Vater starb an
einer Gallenentzündung, als Bettina ein Jahr alt war.
Nach der Entbindung verfügte das Jugendamt, dass
Bettina in ein Kinderheim gegeben werden musste. Die
Mutter lebte in einfachsten sozialen Verhältnissen und

konnte sich nicht um das Kind kümmern. Später, als Bettina sieben Jahre alt war, klagte die Mutter erfolgreich gegen das Jugendamt und konnte ihr Kind zurückholen. Doch wie im Heim fühlte sich Bettina auch bei der Mutter als Aschenputtel. Stets wurden ihr die zwei jüngeren Halbschwestern vorgezogen. Wenn Bettina heute davon erzählt, kommen ihr immer noch die Tränen. Als Bettina ihr erstes Kind gebar, wollte die Mutter das Enkelkind nicht sehen; es zählten für sie nur die Kinder der anderen Töchter.

Bettinas Anliegen für ihren Besuch in meiner Praxis war ein berufliches Problem. Sie hatte eine einfache Stellung in einer Chemiefirma. Nun wurde sie, weil sie kompetent und fleißig war, aufgefordert, eine berufliche Fortbildung zu machen, um anschließend eine spezielle Schule zu besuchen und später einmal Führungsaufgaben zu übernehmen. Allein der Gedanke an Lernen und Bildung trieb ihr den Angstschweiß auf die Stirn. Das Thema Schule und Ausbildung war für Bettina ein einziges Trauma. Die Mutter hatte stets alles dafür getan, damit ihr Kind nichts lernen konnte. Obwohl Bettina intelligent ist, schickte die Mutter sie als Kind auf eine Sonderschule. Auf jede Frage nach Schule und Bildung antwortete die Mutter: »Du sollst immer dumm bleiben. Aus dir soll nie etwas werden! Ich werde alles dafür tun, damit du nie etwas Anständiges lernst.«

Diese Worte verfolgten Bettina, als sie später auf die Abendschule ging, um einiges vom Versäumten nachzuholen. Immer meldete sich ihr schlechtes Gewissen: »Ich darf nichts lernen. Die Mutter hat es verboten. Ich habe es nicht verdient.« Was damals an der Abendschule mit großem Kraftaufwand klappte, schien jetzt nicht mehr zu funktionieren: »Wenn ich diese Fortbildung mache und dann sogar eine Führungsaufgabe übernehme, werde ich anschließend zusammenbrechen! Meine Mutter ist stets in mir, und sie lässt es nicht zu. Es tut so weh«, schluchzte sie. Unzweifelhaft war die Solidarität mit der Mutter so groß, dass sie ihrem beruflichen Fortkommen ernsthaft im Wege stand.

Im Märchen kommt das Glück am Ende doch noch, weil Aschenputtel den verstorbenen Elternteil im Herzen entdeckt. In Bettinas Fall war es ähnlich: Der Stiefvater (Vater der Halbschwestern) lehnte Bettina zwar genauso ab wie ihren leiblichen Vater, doch ihr ging es bei Letzterem gut. In einer Aufstellung mit Symbolen waren sie und der Vater ins Abseits gestellt, während Mutter, Stiefvater und Halbschwestern einen festen Block bildeten. Es wurde deutlich, dass die Halbschwestern die schwache Mutter mit ihrer Kraft stützten und darunter litten, während es Bettina neben ihrem toten Vater zunehmend besser ging.

Bettina fühlte den Schmerz um ihren Vater und drückte ihn auch aus. In Bezug auf ihre jetzige Lebenssituation sagte sie ihm: »Lieber Papa, mit dir in meinem Kopf und in meinem Herzen traue ich mich, zu lernen und beruflichen Erfolg zu haben.« Man konnte spüren, wie sehr ihn das freute. Der Vater hatte damals die Mutter auf einem Silvesterball kennen gelernt und in dieser Nacht mit ihr geschlafen. Sie führten nie eine Beziehung.

Zur Mutter sprach Bettina: »Liebe Mama, ich kann nichts dafür, dass du damals mit meinem Vater schwanger geworden bist. Für mich war es ein Glücksfall, auch wenn es für dich so schwer war. Jetzt bin ich es dir schuldig, dass ich etwas aus meinem Leben mache – auch beruflich.«

Auf dem Symbol der Mutter konnte man nur wenig Zustimmung spüren. Wenn ein Elternteil der Lösung für das Kind nicht zustimmt, hängt dies nicht selten damit zusammen, dass das Kind den Elternteil tief verachtet. Obwohl Bettina unter ihrer Mutter viel erleiden musste, so hatte sie sie doch nie abgelehnt oder gehasst; sie wartete immer noch sehnsüchtig nach ein wenig Zuneigung. Die Mutter war in diesem Falle zu sehr verstrickt in ihren Selbsthass: Sie verzieh sich den »Silvesterleichtsinn« zeitlebens nicht. Außerdem hatte sie selbst ab ihrem vierzehnten Lebensjahr mit ihren Geschwistern in einem Heim gelebt und unter Bildungsmangel gelitten.

Als Bettina der Mutter sagte: »Wenn ich es jetzt in der Bildung weiter schaffe als du, so verdanke ich das letztlich dir«, kamen ihr die Tränen. »Dieser Satz ist eine Lüge«, könnte man sagen. Schließlich hatte die Mutter ja alles getan, um ein schulisches Weiterkommen ihrer Tochter zu verhindern. Doch Bettina fühlte, dass genau in diesem obigen Satz die Lösung lag. Letztlich verdankte sie der Mutter alles. Wenn sie es schafft, auf die Vorwürfe zu verzichten, ist es völlig egal, ob die Mutter ihrem beruflichen Fortkommen feindlich oder freundlich gegenübersteht. Bettina ist es sowohl sich selbst als auch dem Geschenk, das sie von ihrer Mutter erhalten hat, schuldig, ihre Kräfte bestmöglich zu entfalten. Bei einer achtenden Loslösung von der Mutter hört das Empfinden von Schuld ihr gegenüber auf, und das Erwachsensein beginnt. Auf dem Symbol von Bettinas Mutter konnte man nun auch eine deutliche Entkrampfung wahrnehmen.

Der hier geschilderte Eltern-Kind-Konflikt zeigt sich in der Praxis auf einem anderen Gebiet noch häufiger. Eltern mischen sich oft in die Heiratspläne ihrer Kinder ein, etwa: »Diesen Mann darfst du nicht heiraten! Er passt weder sozial noch von seiner Religionsgemeinschaft in unsere Familie.« Wer hier auf die Eltern hört und nicht nach seinem Herzen handelt, wird für immer unglücklich. In solchen Situationen ist es notwendig, die Verpflichtung dem eigenen Leben gegenüber höher zu stellen als die Solidarität mit den Eltern. Ein Kind, das hier seine eigene Wahl gegen die Eltern trifft, fühlt sich schuldig. Wenn es jedoch den Eltern folgt, wird es ebenfalls schuldig: schuldig am eigenen Schicksal. Die Lösung des erwachsen werdenden Kindes besteht darin, ähnlich wie im obigen Beispiel, die Eltern in ihrem Willen zu achten und dennoch die eigenen Ziele zu verfolgen. »Ich verdanke es euch, dass ich andere Ziele und Einstellungen haben darf«, ist eine Einstellung, die die Eltern achtet.

Bettina war glücklich, eine neue Sichtweise ihres Problems gefunden zu haben. »Von hier aus [neben dem Vater stehend] kann ich noch einen guten Kontakt zur Mutter finden. Doch mein Platz ist neben dem Vater.« Es war eindeutig, dass Bettinas Vater von niemandem geachtet wurde: weder von der Mutter noch vom Stiefvater, noch von den Halbschwestern. Wenn diejenigen mit den älteren Rechten, wie hier Bettina und ihr Vater, ausgeklammert werden, kann keine gute Lösung für die jüngeren Halbgeschwister gefunden werden. Doch für Bettina kam das Glück durch den Vater.

Was die Geschwisterreihe anbetrifft, so muss das älteste Kind lernen, sich auch als das älteste zu fühlen. Es darf sich vor den jüngeren, egal, ob Geschwister oder Halbgeschwister, nicht klein machen. Auch diese Sichtweise war für Bettina ungewohnt. Hatten die jüngeren Halbgeschwister nicht immer die besten Karten gehabt? Wurden sie nicht immer von der Mutter bevorzugt? Durch die Arbeit mit Symbolen wurde Bettina klar, dass die Halbgeschwister auf sie angewiesen waren und nicht umgekehrt. Mit dem Vater im Rücken konnte sie nun den Geschwistern vom richtigen kraftvollen Platz aus begegnen. »So selbstbewusst habe ich mich noch nie gefühlt«, strahlte Bettina.

Konstanze

Bei Konstanze kommt der von Bert Hellinger auf-
gedeckte Zusammenhang der äußerst hart arbeitenden
Vorfahrin ins Blickfeld. Konstanze ist das letzte
von drei Kindern ihrer Mutter. Kaum war sie auf der
Welt, starb der Vater. Um die Kinder zu ernähren,
musste sich die Mutter abplagen. Die wirtschaftliche
Not war so groß, dass sie schließlich zwei ihrer drei
Kinder zu Bekannten geben musste, wo sie mehr
schlecht als recht aufwuchsen. Auch die Eltern der
Mutter hatten zeitlebens mit schwerer Armut zu
kämpfen. Mit zwei Jahren wurde Konstanze in die
Fremde gegeben. Sie arbeitete schon als junges Mädchen sehr hart in der Landwirtschaft. Einer der bewe-
genden Momente in der Familienaufstellung war, als
sie die harte Arbeit ihrer Mutter würdigen konnte und
ihrem eigenen schweren Schicksal zustimmte. Bislang
hatte sie nämlich mit ihrem Schicksal gehadert. Am
wichtigsten war jedoch, ähnlich wie in mehreren der
früher erwähnten Beispiele, die zugelassene Trauer um
den früh verstorbenen Elternteil; hier war es nicht die
Mutter, sondern der Vater.

So finden wir in diesem Beispiel eine Kombination
von zwei der anfangs in den »Thesen« genannten drei
Dynamiken des Aschenputtelmärchens.

Gisela fühlte sich am Arbeitsplatz unwohl. Sie hatte den Eindruck, die Arbeit nicht mehr bewältigen zu können. Außerdem konnte sie nicht Nein sagen, wenn es darum ging, unliebsame Aufgaben zu übernehmen. Sie fühlte sich bei der Arbeit ausgenutzt.

Bei der Frage, ob eine Frau in der Familie sehr hart arbeiten musste, erwähnte Gisela ihre Tante, die Schwester ihrer Mutter, und begann plötzlich zu schluchzen: »Meine Tante musste immer die Drecksarbeit auf dem Hof machen. Und obwohl sie später als ältestes Geschwister den Hof hätte erben müssen, wurde sie übergangen.«

Bei der später folgenden Aufstellung wurde deutlich, wie intensiv Gisela mit dieser Tante verbunden war. Heilsam war Giselas Satz zur Tante: »Schau freundlich, wenn ich es mir mit meiner Arbeit gut ergehen lasse und wenn ich auch Nein sage, falls ich ausgenutzt werde.« Des Weiteren bekannten die Familienmitglieder der Tante gegenüber das Unrecht, das sie ihr angetan hatten.

»Die Sterntaler«: Alles verloren

Zusammenfassung des Märchens

Einem kleinen Mädchen starben Vater und Mutter, so dass es ganz verarmte. Es hatte kein Dach mehr über dem Kopf und besaß nur noch die Kleider, die es anhatte, und ein Stück Brot. Das Mädchen war gut und fromm. Mit Gottvertrauen ging es in die Welt. Als ihm ein hungriger Mann begegnete, schenkte es ihm das ganze Brot, das es hatte. Als dann dem Mädchen drei frierende Kinder entgegenkamen, gab es ihnen seine Mütze, Rock und Hemd. So kam es, dass das Mädchen nackt in den Wald ging. Als es dort allein stand, fielen plötzlich die Sterne vom Himmel, die sich in Goldstücke verwandelten. Von da an hatte das Mädchen immer sein Auskommen.

Thesen zu den »Sterntalern«

Bert Hellinger hat das Sterntalermärchen in Zusammenhang mit der Magersucht gebracht. Die auch im Fallbeispiel von Peters Tochter häufig anzutreffende Dynamik des magersüchtigen Kindes lautet: »Lieber verschwinde ich als du, lieber Papa.« In einigen Fällen lässt sich jedoch die gleiche Dynamik in Bezug auf die Mutter beobachten, wenn auch seltener.

In dem Märchen findet man keinen direkten Hinweis auf die Magersucht. Doch bei genauerem Hinsehen ist das Mädchen jemand, der alles hergibt und nichts nimmt. Magersucht ist auch ein verweigertes Nehmen. Das magersüchtige Kind gibt all seine körperlichen Reserven her und opfert sie.

Die Geschichte erzählt von einem Mädchen, dem die Eltern gestorben sind und das infolgedessen existenziell bedroht ist. Es hat nur noch die Kleider auf dem Leib und ein Stück Brot, und auch von diesem Letzten, was es hat, gibt es ab. Die Geschichte erinnert an den heiligen Sankt Martin. Überhaupt hat das Märchen einen religiösen Unterton. Das Ende sieht aus wie eine Belohnung Gottes für so viel Selbstlosigkeit. Doch täuschen wir uns nicht über das Happy End. Die Realität sieht anders aus. Wenn man dem Betreffenden, der das Märchen angibt, zur Desillusionierung diese Geschichte korrekt zu Ende erzählt, lautet der Schluss: »Und nachdem das Mädchen alles hergegeben hatte, erfror es in dem tiefen dunklen Wald.« Die Handlungsweise des Mädchens bedeutet nämlich den sicheren Tod.

Familiengeschichtlich zu vermuten sind Waisenkinder oder Vorfahren, die früh einen oder beide Elternteile verloren haben und durch bittere Armut gehen mussten. In der Folge traut sich der Spätergeborene nicht, das, was ihm gehört, zu bewahren, und verarmt ebenfalls.

Das Thema des mangelnden Mutes, das Eigene wirt-

schaftlich zu bewahren, fanden wir auch schon beim
»Hans im Glück«. Hier jedoch ist die Situation ver-
schärfter. Es geht um mehr als nur Materielles; es geht
um die Existenz.

Lebensgeschichten zu den »Sterntalern«

Alice (aus einem Märchenseminar)

Alice erzählte von schweren Schicksalen in ihrer Familie, als die Rede auf ihr Lieblingsmärchen »Sterntaler« kam. Ihr Vater war an Kinderlähmung gestorben,
als sie zwei Jahre alt war. Von ihren zwei älteren
Schwestern lebt keine mehr. Die erste Schwester starb
mit sechs Monaten an einer Herzkrankheit, die zweite
kurz nach Erwerb des Führerscheins bei einem Autounfall. Alice ist somit das einzig noch lebende Kind.
Als Erwachsene musste sie früh erleben, dass auch
noch das letzte Familienmitglied auf tragische Weise
ums Leben kam: Die Mutter verbrannte bei einem
Unfall in ihrem eigenen Haus. Wenn das Mädchen in
»Sterntaler« auf ihre Herkunftsfamilie schaut, ist sie
die einzig noch Lebende: Genau das ist die Situation,
wenn auch Alice erst als Erwachsene den letzten
Familienangehörigen verliert. Nach Alices Aussagen
ist im Stammbaum kein ähnliches Schicksal von verlassenen Kindern zu finden, doch vielleicht in der ihr

noch unbekannten Urgroßelterngeneration. Die hier am Beispiel von Alice geschilderte Situation wird auch widergespiegelt in dem von mir beschriebenen Märchen »Die schöne junge Frau und der Wanderer«, ein Märchen der transsilvanischen Zigeuner.[26]

An anderer Stelle[27] findet sich ebenfalls eine Fallgeschichte zum Sterntalermärchen, in der ein Brand vorkommt, bei dem die Eltern sterben: Die Großmutter einer Frau war im Alter von drei Jahren als Einzige lebend aus einem brennenden Bauernhof entkommen. Beide Eltern jedoch starben. Nach drei Monaten Krankenhausaufenthalt kam sie zur Großmutter, die nur vier Jahre später auch verstarb, so dass sie in ein Waisenhaus musste. Dieser Großmutter, die alles verloren hatte, fühlte sich die Frau verbunden. Aus diesem Grund schenkte sie vieles her und traute sich nicht, im Leben zu den eigenen Bedürfnissen zu stehen.

Peter

Dieses Märchen ist nach Hellingers Erfahrung häufig das Lieblingsmärchen von Magersüchtigen. Im folgenden Fall war allerdings nicht Peter magersüchtig, sondern die älteste seiner Töchter. Es konnte nicht

[26] Thomas Schäfer: *Der Mann, der tausend Jahre alt werden wollte,* München 1999, S. 33 ff.

[27] Jakob R. Schneider/Brigitte Gross: *Ach wie gut, dass man es weiß – Märchen und andere Geschichten in der systemisch-phänomenologischen Therapie,* Heidelberg 2000, S. 131.

geklärt werden, ob diese Tochter wie schon der Vater
»Sterntaler« als ihr Märchen ansah.

Das Anliegen von Peter war seine magersüchtige
Tochter und die jüngste Tochter, die mit dem Vater
häufig stritt. Im ersten Aufstellungsbild zog es die
Magersüchtige intensiv aus der Familie weg, während
die jüngste Tochter wütend auf Peter war. Die ältere
Tochter wollte verschwinden und zeigte kein Interesse
für die Familienmitglieder. Beiden Eltern ging es nicht
gut. Der Vater (Peter) fühlte sich taub und unwohl auf
seinem Platz. Da eine seiner Schwestern bei der Geburt
verstarb, wurde sie nun hinzugestellt. Sie stand weit
außerhalb und fühlte sich fremd. Nur die Magersüchtige fühlte einen Sog zur Tante und stellte sich neben
sie. Dort ging es ihr gut. Sie blickte zum Vater und
sagte: »Für dich ist es zu schlimm. Ich gehe an deiner
Stelle.«

Erst als der Vater diesen Satz auf sich wirken ließ, fiel
die Taubheit von ihm ab. Energisch sagte er: »Ich will
das nicht. Komm zurück.« Die Positionen von Tochter
und Vater wurden vertauscht, so dass Peter seiner früh
verstorbenen Schwester gegenüberstand. Die Tote gab
zu verstehen, dass sie sich gut fühle. Dieser Satz brach
den Damm. Peter konnte zum ersten Mal in seinem
Leben die tiefe Verbundenheit zur Schwester spüren.
»Zum ersten Mal sehe ich dich«, sagte er zu ihr unter
Tränen und fügte hinzu: »Ja, du bist meine Schwester.«
Dann zeigte er ihr die Ehefrau und seine Kinder, insbesondere die Magersüchtige. Diese hatte auch geweint,

als der Vater die Schwester (Tante) umarmte. Die Nichte stellte sich nun vor sie hin, verbeugte sich tief vor ihr und sagte: »Ich gebe dir die Ehre. Bitte schau freundlich, wenn ich bleibe.« Ähnliches sagte Peter zu ihr.

Nun konnte die Magersüchtige endlich wieder zurück in ihre Geschwisterreihe. Zum ersten Mal sah sie die anderen nicht als Fremde an, sondern bekam Interesse an ihnen. Insbesondere Peters jüngste Tochter freute sich über ihr Zurückkommen. Sie erklärte, warum sie immer so wütend auf Peter gewesen war: »Ich habe immer gefühlt, dass Papa etwas tun kann und es nicht macht.« Im Lösungsbild standen die Kinder an Mutters Seite, neben ihr folgte Peter mit seiner früh verstorbenen Schwester. In diesem Bild ging es allen gut.

Des Lebens müde

»Der kleine Häwelmann«:
Der Sog zum Himmel

Zusammenfassung des Märchens

Diese Geschichte von Theodor Storm erzählt von einem kleinen Jungen, der Häwelmann hieß. Nachts und nachmittags, wenn Häwelmann müde war, schlief er in einem Rollenbett. Wenn er aber nicht müde war, so musste seine Mutter ihn darin in der Stube umherfahren, und davon konnte er nie genug bekommen.

Eines Nachts konnte Häwelmann nicht einschlafen. Er rief die Mutter, damit sie ihn fahren solle, doch die Mutter schlief in ihrem Himmelbett. So langte die Mutter während des Schlafes mit ihrem Arm an den Wagen und schob ihn hin und her. Doch Häwelmann schrie: »Mehr, mehr!« Irgendwann schlief die Mutter gänzlich ein, und das Rufen half nichts.

Der gute alte Mond hatte alles mit angesehen. Der kleine Häwelmann hatte sein Bein als Mastbaum in die Höhe gestreckt, und sein Hemdchen hing als Segel an der Zehe. Mit beiden Backen fing er an zu blasen, und allmählich rollte das Bett über den Fußboden. Auf diese Weise fuhr er die Wände herauf und herunter.

Auf einem Strahl, den der Mond ihm reichte, fuhr Häwelmann zum Haus hinaus in die Stadt. Auf den Straßen war jedoch niemand zu sehen, denn alles schlief. Häwelmann war das nicht genug, er wollte in den Wald, damit ihn die Tiere sehen, doch der Mond hatte Mühe, ihm zu folgen, so schnell fuhr er. Auch im Wald schliefen die Tiere. Häwelmann hatte immer noch nicht genug, und so fuhr er bis ans Ende der Welt und dann gerade in den Himmel hinein.

Hier war es lustig, denn die Sterne waren wach, und der Himmel blitzte. »Platz da!«, schrie Häwelmann, und die Sterne stoben ängstlich auseinander. Der Mond mahnte Häwelmann, er solle es nun doch genug sein lassen. Und als der Kleine nicht hören wollte, löschte der Mond sein Licht, und alle Sterne machten die Augen zu. Da wurde es sehr dunkel, und Häwelmann rief den Mond zu Hilfe, weil er so allein war. Doch niemand half ihm. Allein fuhr er weiter, und niemand sah ihn.

Endlich ging die Sonne auf, die sich sehr über den kleinen Jungen wunderte. Sie nahm ihn und warf ihn mitten ins Meer. Und dann? Weißt du nicht mehr? Wenn ich und du nicht gekommen wären und den kleinen Häwelmann in unser Boot genommen hätten, so hätte er doch leicht ertrinken können!

Thesen zum »Kleinen Häwelmann«

»Der kleine Häwelmann« und Hans Christian Andersens »Das kleine Mädchen mit den Streichhölzern« haben einen ähnlichen Skripthintergrund: Wer dieses Märchen angibt, der wollte meist schon als Kind und auch später als Erwachsener nur eines: nicht mehr leben. Die Märchentexte drücken die Sehnsucht zum Tod klar und deutlich aus. In beiden ist die Sehnsucht nach dem Himmel die Sehnsucht nach dem Tod.

Vom Text her gesehen, ist ebenfalls vorstellbar, dass der »Kleine Häwelmann« biographisch auf jemanden verweist, der durch einen Unfall als Kind für einige Zeit klinisch tot gewesen ist. In solch einem Fall ist es schwer, ein auf diese Weise wiedergeschenktes Leben erneut zu nehmen. Leichter dagegen ist es, sich in den Himmel zu sehnen. Bislang konnte dieser vermutete Zusammenhang noch nicht bestätigt werden. Klar jedoch bei diesem Storm'schen Märchen ist wie gesagt der Drang in den Himmel, der ein Drang zum Tod ist.

Björn

Im Erwachsenenalter brach bei Björn eine Psychose aus. Er hörte in sich eine Stimme: »Bring dich um!« Schon als Kind und Jugendlicher wollte Björn nur tot sein. Die Familiengeschichte lässt Björns Lebensgefühl nachvollziehen: Seine Mutter hatte sieben Selbstmordversuche hinter sich und litt ebenfalls unter einer Psychose. Wie Björn berichtete, sind die psychischen Symptome der Mutter mit den seinen identisch.

Stets hatte Björn als Kind Angst, er käme von der Schule nach Hause und würde seine Mutter als Leiche sehen müssen. Psychisch krank war auch die Großmutter gewesen: Die Mutter der Mutter litt an Depressionen und war ebenfalls in der Psychiatrie. Dort brachte sie sich um. »In meinem mütterlichen Stammbaum bringt sich in bestimmten Abständen immer jemand um«, sagte Björn, als ich ihn nach weiteren Suiziden befragte. Selbstmörder waren ebenfalls eine Schwester der Großmutter (Mutter der Mutter), der Vater der Großmutter und daneben noch zahlreiche Cousins, Cousinen und andere Verwandte im mütterlichen Stammbaum. In der Geschwisterreihe der Mutter gibt es noch einen Bruder, der wie die Mutter der Mutter an Depressionen litt und sich häufiger in der Psychiatrie aufhielt. Eine Schwester der Mutter war als Säugling verstorben. Die Großeltern hatten Björns

Mutter bewusst gezeugt, damit sie das tote Kind »ersetze«. Beide Eltern von Björn starben im mittleren bis fortgeschrittenen Alter an Krebs. Als der Krebs ihr Ende ankündigte, hatte die Mutter Björn und seine Schwester immer dazu aufgefordert, doch gemeinsam mit ihr zu sterben und sich umzubringen.

Auf des Vaters Seite sind noch zwei junge Brüder zu nennen, die im Krieg geblieben sind. Ein weiterer Bruder des Vaters starb als Jugendlicher an einer Krankheit. Bei einem solchen Familienhintergrund ist es alles andere als leicht, sich »psychisch normal« zu fühlen und nicht sterben zu wollen. Bei der Familienaufstellung in der Gruppe hatte Björns Stellvertreter das Gefühl, er müsste beide Eltern retten. Nach einigen Interventionen wurde deutlich, dass eine Lösung unter Einbeziehung aller verstorbener Verwandter nicht möglich war. Björn fühlte sich insbesondere mit der als Säugling verstorbenen Tante, die die Mutter ersetzen sollte, und der schwer depressiven Großmutter verbunden. Björn und seine Geschwister mussten beide Eltern mit deren Verwandten in Liebe ziehen lassen und sich gegenseitig Halt geben. Für Björn war der Satz zu Großmutter und Mutter bedeutsam: »Bitte schaut freundlich auf mich, wenn ich meine psychische Gesundheit finde und bleibe.«

Wer eine solch schwere Situation in der Herkunftsfamilie hat, der weist häufig auch eine schwere Situation in der Gegenwartsfamilie auf. Als Björn eine Frau nahm, kam es ihm vor, als sei er eigentlich nicht mit seiner Frau verheiratet: »Die Ehe ist für mich ein Ersatzleben gewesen. Von Kind an war mein Partner der Tod. Mir kommt es vor, als sei ich von Toten geboren. Bislang habe ich überhaupt noch nicht angefangen, wirklich zu leben«, bekannte er. Von der Frau lebt Björn schon lange getrennt.

Aus der Ehe mit dieser Frau gibt es eine Tochter. Die Ehefrau war vorher schon einmal verheiratet. Dieser erste Mann der Frau war mit den vier gemeinsamen Kindern im Urlaub in den Alpen gewesen. Er kam in einem Gletschergebiet mit den Kindern vom Weg ab, wonach alle fünf auf tragische Weise ihr Leben lassen mussten.

In einer Aufstellung mit Symbolen wurden zunächst nur Björns Frau, die Tochter und er selbst aufgestellt. Auf allen drei Symbolen war es körperlich kaum auszuhalten. Ruhiger wurde es erst, als der frühere Mann und die vier toten Kinder dazugestellt wurden. Björn konnte nur noch auf diese Gruppe schauen: Dem Tod dieses Mannes und der Kinder verdankte er die Frau und die Tochter. Er ging zu jedem Einzelnen, verbeugte sich unter Tränen und bat ihn, freundlich auf ihn und die Tochter zu schauen. Er stellte sich außerdem vor, dass seine Tochter sich ebenfalls vor den fünf Toten verbeugte. Zu dem früheren Mann der Frau sagte Björn noch: »Ich habe sie jetzt auch verloren. Ich bin wieder allein.« Björns Frau, von der er wie gesagt getrennt lebte, hatte in der Aufstellung nur ein einziges Ziel: Sie wollte den fünf Toten folgen. Neben einigen anderen wichtigen Dingen sagte Björn ihr: »Ich achte deine tiefe Liebe zu ihnen. Ich halte dich nicht mehr auf, wenn du zu ihnen gehst.«

Dieser letzte Satz hat eine Vorgeschichte: Nach der Trennung von der Frau verlegte Björn seinen Wohnsitz ins Alpengebiet. Es zog ihn magisch in die Berge, und oft hatte er die Phantasie, sich in eine Gletscherspalte zu stürzen. Erst viel später wurde ihm bewusst, dass die Anziehung dieses Gebiets kein Zufall war. Eigentlich nämlich war es seine Frau, die diese Phantasie in sich trug, doch er hatte es übernommen! Seit kurzem hat er den Wohnsitz in den Bergen aufgegeben und ist wieder in die Ebene zurückgekehrt.

Larissa

Larissa, eine attraktive Frau, konnte keinen Mann finden und fühlte sich schon lange lebensmüde. In einem Aufstellungsseminar zeigte sich, dass sie ihre Mutter stets verachtet hatte. Frauen, die ihre Mütter verachten, haben meist in der Liebe Pech. Das Weibliche, das eine Frau für Männer anziehend macht, erhält die Frau nur von ihrer Mutter.

Unter der Oberfläche wurde aber bald ein noch tieferes Problem sichtbar. Die Mutter von Larissas Mutter war bei deren Geburt gestorben. In Familiensystemen ist der Tod einer Frau im Kindbett stets eines der folgenreichsten Ereignisse. In der Aufstellung fühlte sich Larissas Mutter als »Mörderin«: »Nur durch mich bist du gestorben, Mama!«, sagte sie ihrer Mutter. Doch Larissas jüngerer Bruder und sie stritten sich, wer für die Mama zur Großmutter gehen darf. Beide Kinder wollten verhindern, dass die Mutter zu ihrer Mutter geht.

Der Großmutter ging es bei alldem nicht gut. Es schmerzte sie sehr, wie die Familienmitglieder sich verhielten. Sie empfand das als schlimm. In der Tat fühlen sich Kinder, deren Mütter bei der Geburt verstarben, oft als »Mörder«, obwohl sie völlig unschuldig sind. Was hier hilft, ist das Nehmen des Lebens von der Mutter: »Liebe Mama, ich nehme das Leben von dir zu dem hohen Preis, den du gezahlt hast, und zu dem Preis, den auch ich bezahlt habe.« Dies ist jedoch oft schwerer, als in Treue zur toten Mutter weiter zu leiden. In dieser Aufstellung allerdings kamen Mutter und Tochter in eine tiefe Bewegung, in der die Tochter das Geschenk des Lebens nehmen konnte. Danach vermochte auch Larissa, in Liebe zu ihrer Mutter und zur Großmutter hinzugehen. Die Großmutter war sehr erleichtert, dass die Familienangehörigen nun auf neue Weise mit ihrem Tod umgehen konnten.

»Das kleine Mädchen mit den Streichhölzern«: Das Leben als Qual

Zusammenfassung des Märchens

In diesem Märchen von Hans Christian Andersen erfahren wir von einem kleinen Mädchen, das an einem bitterkalten Silvesterabend mit bloßem Kopf und nackten Füßen auf der Straße ging. Die Füße wurden schnell rot und blau vor Kälte.

In einer alten Schürze hielt sie einen Bund Streichhölzer. Niemand hatte ihr während des Tages etwas abgekauft. Sie hungerte und fror, und die Schneeflocken fielen auf ihr langes blondes Haar. Zwischen zwei Häusern kauerte sie sich auf dem Boden zusammen. Nach Hause zu gehen wagte sie nicht, denn sie hatte ja keine Streichhölzer verkauft. Der Vater würde sie schlagen, und frieren würde sie daheim in der ärmlichen Hütte fast ebenso wie hier.

Da sie so fror, entzündete sie ein Streichholz. Tatsächlich wärmte die Flamme ein wenig. Schon sah sie sich an einem Ofen sitzen. Als das Feuer erlosch, entzündete sie ein zweites, und schon konnte sie auf einen prächtig gedeckten Tisch blicken. Als eine knusprig gebratene Gans auf das Mädchen zugehen wollte, erlosch das Licht, und nur die kalte Mauer des Hauses war zu sehen.

Sie entzündete ein neues Strcichholz. Da saß sie unter

einem Weihnachtsbaum. Als das Licht erlosch, konnte sie die klaren Sterne am Himmel erkennen; einer davon verglühte und zog einen Streifen hinter sich her. »Nun stirbt jemand!«, sagte das Mädchen, denn so hatte es ihr die verstorbene Großmutter erklärt: »Wenn ein Stern fällt, so steigt eine Seele zu Gott empor.«
Beim nächsten Streichholz stand die liebe Großmutter, der einzige Mensch, der sie je lieb gehabt hatte, neben ihr. »Nimm mich mit!«, rief das Mädchen. Die Großmutter hob das Mädchen auf den Arm, und in Glanz und Freude flogen sie in die Höhe.
Hunger, Kälte und Furcht waren vorbei, denn sie waren bei Gott. Doch zwischen den beiden Häusern fand man am Morgen ein kleines Mädchen mit lächelnden Augen und roten Wangen. Es war erfroren. In der Hand hielt die Leiche eine Schachtel mit Streichhölzern, die leer war.

Thesen zum
»Kleinen Mädchen mit den Streichhölzern«

Ähnlich wie in Theodor Storms Geschichte ist es auch bei dem Andersen-Märchen. Wer es nennt, will nicht mehr leben.
Hier wird eine Familie skizziert, die das Kind nicht ernähren kann. Außerdem zieht es das Kind zu seiner toten Großmutter, die für die Familie eine wichtige Rolle spielt. Bei der Geschichte von dem Mädchen mit

den Streichhölzern kann man sich fragen: Wer ist als Kind in einer wirtschaftlich bedrängten Lage der Eltern gestorben? Ist einer der Großeltern dieses toten Kindes früh gestorben, oder hatten sie ein schweres Schicksal?

Lebensgeschichten zum »Kleinen Mädchen mit den Streichhölzern«

Bernd

Schon als Kind hatte Bernd in sich eine Stimme gehört: »Ich will nicht hier sein. Ich will tot sein.« Diese Todessehnsucht begleitete ihn bis ins Erwachsenenalter. Bernd wuchs allein auf, doch seine Mutter hatte eine männliche Totgeburt und zwei Fehlgeburten jeweils zwischen dem dritten und vierten Monat gehabt. Beide Eltern hatten mehrere Geschwister früh durch Tod verloren. Die Mutter und ihre Eltern sind aus den deutschen Ostgebieten vertrieben worden, was für alle mit traumatischen Erinnerungen verbunden war.

In der Familienaufstellung wurde schnell die enge Verbundenheit Bernds zu drei früh verstorbenen Brüdern und Schwestern der Mutter deutlich und auch zu dem Trauma der Vertreibung. Bernd zog es zu diesen mütterlichen Verwandten. Nach vielen Zwischenschritten ergab sich folgendes Lösungsbild: Bernds tote Geschwister standen mit ihm vor dem Vater, während die Mutter bei ihren verstorbenen Geschwistern war. Unter Tränen ließ Bernd seine Mutter zu ihren Verwandten gehen und sagte: »Die Liebe zu dir bleibt. Du bleibst immer meine Mutter. Hier beim Vater und den Geschwistern geht es mir gut.« Dies war allerdings erst möglich, nachdem er vorher zu ihr hingegangen war und sein Bedauern über seine frühere mangelnde Achtung ihr gegenüber zum Ausdruck gebracht hatte. Besonders mit seinem bei ihm stehenden tot geborenen Bruder fühlte sich Bernd auf innige Weise verbunden.

In Bezug auf den Tod des Bruders spielte noch ein Vorwurf zwischen den Eltern eine große Rolle. Der Vater hatte damals eine Gelbsucht gehabt, und die Mutter warf ihm vor, das Kind damit »getötet« zu haben. Diese Anschuldigung hatte in der Familie schlimme Folgen. Als die Mutter zu einem früheren Zeitpunkt dieser Aufstellung dem Vater sagte: »Du hast ihn getötet«, ging es allen Familienmitgliedern sehr schlecht. Der Bruder meldete sich zu Wort und protestierte: »Es war eben so. Ich hätte gerne gelebt, aber es war eben so. Er hat keine Schuld!«

In diesem Beispiel ist es nicht nur die Sorge um die Mutter und die toten Familienangehörigen der Mutter, die das Kind einen Sog zum Jenseits fühlen lassen. Wenn wie hier ein Kind das einzig überlebende der Geschwisterreihe ist, fühlt es sich schuldig, wenn es lebt und alle anderen tot sind. Heilend ist hier der Satz zu den toten Geschwistern: »Eines Tages sterbe ich auch. Bis dahin trage ich die Liebe zu euch in meinem Herzen.«

Jörg

Jörg hatte vor zehn Jahren Hodenkrebs gehabt. Obwohl seitdem kein Rezidiv aufgetreten war, hatte er immer noch das Gefühl, dass er den Krebs innerlich nicht loslassen wollte. Eine Zweieraufstellung des Krebses und seiner eigenen Person bestätigte dies: Die Stellvertreterin für den Krebs wollte sich langsam von ihm entfernen, doch er lief ihr immer wieder hinterher und suchte ihre Nähe.

Die Familiengeschichte war durch viel Schweres gekennzeichnet. Jörg verlor seinen Vater schon im Alter von sechs Jahren durch Krebs. Auch die Mutter des Vaters starb an dieser Krankheit. Ein Bruder des Vaters war jung im Krieg gestorben und seine ganze Familie aus Schlesien vertrieben worden.

Zur Mutter hatte Jörg stets ein schwieriges Verhältnis gehabt. Sie war oft in psychiatrischer Behandlung gewesen, und nie hatte er das Gefühl von Nähe zu ihr gehabt. Nach ihrem Tod fand Jörg ihre Tagebücher. Auf diese Weise erfuhr er, dass die Mutter noch vor der Ehe mit dem Vater eine große Liebe gehabt hatte. Doch auf tragische Weise starb der Mann bei einem beruflich bedingten Unfall. Zum Zeitpunkt seines Todes war die Mutter schwanger. Auf Druck ihrer Eltern, die ihren Freund schon immer abgelehnt hatten, trieb sie das Kind ab. Später dann heiratete sie Jörgs Vater, gebar Jörg als einziges Kind aus dieser Ehe und wurde dann psychisch krank. Nie hatte die Mutter dem Sohn von ihrem Leid erzählt, und erst jetzt, nach ihrem Tod, begann er, sie zu verstehen. Seine Wut, nie eine ansprechbare Mutter gehabt zu haben, verwandelte sich nun in tiefes Verständnis.

In einem der letzten Bilder der Familienaufstellung stand Jörg vor seinen Eltern. Auch der verstorbene Freund der Mutter, das abgetriebene Kind, die Mutter und der Bruder des Vaters ebenso wie Schlesien als Heimat des Vaters standen im Halbkreis vor Jörg. Jörg stand seiner Mutter gegenüber und sagte: »Ich habe es nie gewusst.« Während er dies aussprach, wurde ihm bewusst, dass sein Leben und der Tod des Freundes zusammenhingen. Der Freund der Mutter und auch das abgetriebene Kind schauten voller Sympathie auf Jörg. Der Freund sagte: »Es tut weh, Jörg so leiden zu sehen.« Bewegt sagte Jörg der Mutter, dem Freund und dem toten Kind: »Ich achte euere tiefe Verbindung.« Endlich konnte Jörg auch seiner Mutter den ganzen Schmerz offenbaren. Er legte seinen Kopf an ihren Bauch und sah sie zärtlich an: »Ich habe mich immer so nach deiner Nähe gesehnt.« Die Mutter löste sich aus ihrer Erstarrung. Sie streichelte den Kopf des Kindes: »Es war alles kaum zum Aushalten. Ich konnte nicht anders.«

Im nächsten Schritt trat Jörg vor den Vater, den er so

schmerzlich seit seinem sechsten Lebensjahr vermisst hatte. Er fiel ihm weinend in die Arme, und der Vater fing ihn auf. Eine Weile später sagte Jörg: »Ich hatte Krebs so wie du und deine Mutter.« Den Vater schmerzte das. Nach einigen Zwischenschritten endete die Aufstellung damit, dass Jörg noch einmal die tiefe Liebe und Verbundenheit mit allen Verwandten auf sich wirken ließ. Zu seinen Eltern sagte er: »Ich war sehr krank, und mit eurem Segen trau ich mich jetzt, zu leben.«

In Jörgs Falls ist zu beobachten, was man in vielen Fällen von tragischen Familienschicksalen sehen kann: Wenn Eltern und Verwandte ein überdurchschnittlich schweres Los hatten, kann das Kind nicht anders, als mit dem Schweren solidarisch zu sein. Es traut sich nicht, in Liebe, Beruf und Gesundheit ein glückliches Leben zu führen, denn dies käme ihm als Verrat vor. In Jörgs Fall war der Sog ins Jenseits besonders stark gewesen, weil nicht nur die Eltern früh von Krankheit, Tod und Leid betroffen waren, sondern auch die anderen Verwandten und der Freund der Mutter. So entstand hier der Lebensplan »Ich darf nicht leben«.

Wenn man noch einmal auf den Märchentext von Andersen sieht, fragt man nach der Rolle der Großmutter, die dort als wichtige Figur erscheint. In der Tat kam der Mutter von Jörgs Vaters eine große Bedeutung zu, denn sie hatte Krebs, so wie später Vater und Sohn. Übertragen aufs Jörgs Geschichte, war es jedoch nicht nur die Großmutter, der er sich stark verbunden fühlte. Wichtiger als eine »Eins-zu-eins-Übertragung« der Figuren des Märchens auf das stets komplexere menschliche Leben erscheint gerade in diesem Falle die Atmosphäre von Märchen und Familienaufstellung: In beiden ist derselbe Grad von Hoffnungslosigkeit und verzweifelter Liebe angesichts des Leides in der Familie spürbar.

Cosima

Cosima war drei Jahre magersüchtig. Ihr Vater war vor der Ehe mit der Mutter schon einmal verlobt gewesen. An einem Wochenende fragte ihn die Verlobte, ob er Lust habe, mit ihr zusammen einmal wieder ihre Eltern zu besuchen. Der Vater sagte zunächst zu, doch kurz vor der Abreise entschied er sich, zu Hause zu bleiben. Der Zug, mit dem die Verlobte fuhr, verunglückte. Die Verlobte kam ums Leben.

In der Familienaufstellung zog es den Vater von Frau und Tochter weg. Statt seiner war es jedoch Cosima, die für ihn zur früheren Verlobten ging: »Lieber Papa, ich verschwinde für dich!« Die Verlobte schaute jedoch nach wie vor nur auf Cosimas Vater. Es wurde schnell deutlich, was ihn bewegte: Er sagte der Verlobten: »Ich fühle mich schuldig, dass ich nicht mit dir gefahren bin und ebenfalls gestorben bin.« Er konnte nicht begreifen, dass er aus einer Laune heraus geblieben war und nicht mit ihr verunglückte. Als er dies offen aussprach, brachen der Schmerz und die intensive Liebe zu der Verlobten durch. Schließlich traute sich der Vater mit der Zustimmung der Verlobten, zu seiner Frau und Cosima zu gehen. Der Vater war tief gerührt, als die Tote ihm mit der neuen Frau und dem Kind Glück wünschte. Der Vater sagte seiner Tochter, dass er nun bleibe und dass auch Cosima bleiben könne.

In dieser Aufstellung war es nicht, wie im Märchen, eine Großmutter, sondern eine andere Frau, die die entscheidende Rolle spielte.

Tote und weggegebene Kinder

»Das Totenhemdchen«:
Wenn die Trauer nicht enden will

Ungekürzter Originaltext

Es hatte eine Mutter ein Büblein von sieben Jahren, das war so schön und lieblich, dass es niemand ansehen konnte, ohne ihm gut zu sein, und sie hatte es auch lieber als alles auf der Welt. Nun geschah es, dass es plötzlich krank ward und der liebe Gott es zu sich nahm; darüber konnte sich die Mutter nicht trösten und weinte Tag und Nacht. Bald darauf aber, nachdem es begraben war, zeigte sich das Kind nachts an den Plätzen, wo es sonst im Leben gesessen und gespielt hatte; weinte die Mutter, so weinte es auch, und wenn der Morgen kam, war es verschwunden. Als aber die Mutter gar nicht aufhören wollte zu weinen, kam es in einer Nacht, in dem Hemdchen, in welchem es in den Sarg gelegt war, und mit dem Kränzchen auf dem Kopf, setzte sich zu ihren Füßen auf das Bett und sprach: »Ach, Mutter, höre doch auf zu weinen, sonst kann ich in meinem Sarge nicht einschlafen, denn mein Totenhemdchen wird nicht trocken von deinen Tränen, die alle darauf fallen.«

Da erschrak die Mutter, als sie das hörte, und weinte nicht mehr. Und in derselben Nacht kam das Kindchen wieder, hielt in der Hand ein Lichtchen und sagte: »Siehst du, nun ist mein Hemdchen bald trocken, und ich habe Ruhe in meinem Grab.« Da befahl die Mutter dem lieben Gott ihr Leid und ertrug es still und geduldig, und das Kind kam nicht wieder und schlief in seinem unterirdischen Bettchen.[28]

Thesen zum »Totenhemdchen«

Dargestellt wird im Märchen die nicht enden wollende Trauer und das Verweilen beim Toten. Es geht um den Tod eines Kindes: Wo im Familiensystem hat eine Frau ihr Kind oder sogar mehrerer Kinder verloren und ist nicht darüber hinweggekommen?[29]

Im Märchen geht es ausschließlich um den Abschied der Eltern vom toten Kind. Lambrecht jedoch (siehe unten) fühlte sich von diesem Märchen angesprochen, weil drei seiner Geschwister tot waren und der Tod der Kinder auf allen noch Lebenden lastete, auch auf den übrigen Geschwistern.

---

[28] *Die Märchen der Brüder Grimm*, München 1989. Der Text folgt der Version von 1857.
[29] Auf dieses Märchen bin ich eingegangen in dem Buch *Der Mann, der tausend Jahre alt werden wollte*, München 1999, S. 48 ff.

Lebensgeschichte zum »Totenhemdchen«

Lambrecht

Lambrecht wuchs auf einem Bauernhof auf und hatte sieben Geschwister, er selbst war das vorletzte Kind. Der älteste Bruder wurde mit drei Jahren versehentlich vom Vater mit einem Traktor überfahren. Gerichtlich wurde ihm keine Schuld zuerkannt, sondern es wurde als Unfall betrachtet. Ein Jahr lang schwieg der Vater. Es hatte ihm buchstäblich die Sprache verschlagen. Ein weiterer Bruder starb mit anderthalb Jahren an einer Lungenentzündung. Am schwersten für Lambrecht war aber der Tod des jüngsten Bruders. Er starb mit sieben Jahren an den Folgen einer schweren Rückgratveränderung und anderen Missbildungen, die seine Atmung beeinträchtigten. Das Kind starb im Kinderzimmer von Lambrecht. Lambrecht litt darunter, dass er in jenem Moment nicht dabei war und keinen Abschied mehr nehmen konnte.

In der Aufstellung zeigte der Tod der drei Kinder schwerwiegende Folgen. Der Vater fühlte sich schuldig und zog sich mit seinem ältesten Sohn von den anderen zurück. Lambrecht und auch die übrigen Kinder trauten sich nicht, ihr Leben ganz zu nehmen. Als Überlebende fühlten sie sich schuldig, dass sie noch lebten, während die anderen schon tot waren. Auf bewegende Weise nahm Lambrecht von allen Verstorbenen Abschied. Der jüngste Bruder bat ihn inständig:

»Es wär so schön, dich auch einmal lächeln zu sehen.« Tatsächlich kam zum ersten Mal ein Lächeln in Lambrechts Gesicht, doch die Schwere kehrte bald zurück.

In der Nacht nach dem ersten Seminartag wachte Lambrecht auf. Er berichtete am nächsten Morgen in der Gruppe: »Ich habe nicht geträumt, ich war ganz wach. Mein jüngster Bruder stand neben mir. Ich habe ihn deutlich wahrgenommen. Mir wurde ganz anders. Ich konnte das kaum glauben! Mit lauter Stimme sagte ich ihm noch einmal die Sätze, die ich schon in der Aufstellung zu ihm gesprochen hatte: ›Du bist tot, ich lebe noch eine Weile, dann sterbe ich auch.‹ Deutlich konnte ich seine Zustimmung bemerken. Er drehte sich um und ging weg. In diesem Moment vergaß ich sein Gesicht, ich wusste nicht mehr, wie er aussieht, und auch jetzt fällt es mir schwer, mir vorzustellen, wie er früher aussah. Er ist einfach gegangen. Jetzt, heute Morgen, geht es mir gut. Es ist alles gut!« Am Strahlen seiner Augen konnte man sehen, wie gut es ihm ging.

Das hier beschriebene Weggehen des Toten erinnert an das Weggehen des toten Kindes im Märchen. Es ist jedoch wichtig, der Deutung solcher Berichte zu widerstehen. Zweifellos steht fest, dass etwas Positives geschehen war. Das »Totenhemdchen« hatte Lambrecht bewegt, weil es das Märchen des unverarbeiteten Kindertodes ist. Der Trauerprozess für Eltern und überlebende Kinder muss ein Ende finden dürfen, sowohl für die Lebenden und wohl auch für die Toten.

Lambrechts Eltern kamen über den Tod der Kinder nicht hinweg, doch er selber konnte von den verstorbenen Brüdern auf eine Weise Abschied nehmen, die ein Ja zum Leben wieder möglich machte.

»Däumelinchen«: Fehl-, Früh- und Totgeburten

Zusammenfassung des Märchens

In diesem Märchen nach Hans Christian Andersen sehnte sich eine Frau sehr nach einem Kind, doch sie bekam keines. Da bat sie eine Hexe um Hilfe. Diese gab ihr ein Gerstenkorn, das sie in einen Blumentopf legen sollte. Nach einiger Zeit wuchs eine Tulpe, in deren Mitte ein sehr kleines, hübsches Mädchen lag. Däumelinchen war so klein, dass die Frau ihr eine Walnussschale zur Wiege geben konnte.

Eines Tages kam eine Kröte vorbei, der Däumelinchen sofort gefiel. Sie beschloss, dass das Mädchen ihren Sohn heiraten sollte. Kurzerhand nahm sie es mit und brachte sie ihrem Sohn, der genauso hässlich war wie die Mutter. Däumelinchen weinte bitterlich über ihr Schicksal. Einige Fische hatten es jedoch gehört und verhalfen ihr zur Flucht. Es folgten eine Reihe von Abenteuern mit einem Maikäfer und einer Feldmaus, und fast wäre Däumelinchen im Winter erfroren. Nachdem sie ein Maulwurf heiraten sollte, rettete sie eine Schwalbe, nahm sie in ihr Gefieder und flog mit ihr zu südlichen Ländern.

Dort landeten sie bei wunderschönen weißen Blumen, die zwischen zersprungenen Marmorsäulen blühten. Inmitten einer dieser Blumen saß ein kleiner Mann, so weiß und durchsichtig, als wäre er von Glas. Er trug eine niedliche Goldkrone auf dem Kopf und war genauso klein wie Däumelinchen. Es war der König der Blumen, der Blumenelf.

»Gott, wie ist der schön«, flüsterte Däumelinchen der Schwalbe ins Ohr. Auch der Blumenelf verliebte sich sogleich in das hübsche kleine Mädchen. Er nahm seine Goldkrone vom Haupt und fragte, ob sie seine Frau werden wolle, und so heirateten sie.

Thesen zum »Däumelinchen«

Auch in diesem Märchen geht es um tote Kinder. Thema ist ein Bruder oder eine Schwester, denen der Platz in der Geschwisterreihe verweigert worden ist. Dabei handelt es sich vor allem um Fehl- oder Totgeburten. Im Grimm'schen »Daumesdick«, in dem sich ebenfalls eine Frau sehnsüchtig ein Kind wünscht, und »sei es auch noch so klein«, finden wir die interessante Angabe: »Nun geschah es, dass die Frau kränklich ward und nach sieben Monaten ein Kind gebar.«

Bei einer Fehl-[30] und bei einer Totgeburt kann man von einem noch »kleinen Menschen« sprechen. Doch so klein diese Kinder auch sein mögen, es steht ihnen ein Platz in der Geschwisterreihe zu. Werden sie tabuisiert und ausgegrenzt, wirkt dies auf die Familie zurück.

Der Erfahrung nach spüren die Kinder, wenn sie ein totes Geschwister haben. Eine Frau hatte als erste Schwangerschaft ein Kind im siebten Monat als Frühgeburt verloren. Ihren Kindern erzählte sie nichts davon. Eines Tages träumte ihre kleine Tochter, dass der Teddybär, an dem sie abgöttisch hing, gar nicht der Teddy sei, sondern »mein kleiner toter Bruder Till«. Sie sagte morgens zu ihrer Mutter: »Gell, Mama, der Teddy ist doch wirklich mein toter Bruder Till?« Der Name Till war ein Phantasiename des Kindes, doch es hatte deutlich gespürt, dass ein totes Geschwister ausgeklammert worden war. Niemand hatte ihm jemals davon erzählt. Wenn man mit den Kindern ohne Scheu über diese Tatsachen spricht, hat dies stets eine gute Wirkung auf sie.

---

[30] Fehlgeburten gehören etwa ab dem zweiten bis dritten Monat in die Geschwisterreihe. Im Einzelfall kann es allerdings durchaus anders sein! Entscheidend ist allein, wie es sich bei einer Familienaufstellung zeigt.

Lebensgeschichte zum »Däumelinchen«

Elke

Elke ist im sozialen Bereich tätig. Sie klagte darüber, dass sie im Beruf keinerlei Selbstbewusstsein habe. Außerdem leide sie ständig unter den verschiedensten psychosomatischen Symptomen. Mit ihrer Ehe ist sie ebenfalls unzufrieden. Ihre bislang einzige Schwangerschaft war eine Fehlgeburt in der fünften Woche. Nach der Auseinandersetzung mit der eigenen Fehlgeburt zeigte sich später bei einer Herkunftsaufstellung (mit Symbolen), dass ihr Vater, ihr jüngster Bruder und sie selbst alle in eine Richtung schauten. Es war klar, dass sie auf etwas Konkretes blickten, das ihre Aufmerksamkeit in Anspruch nahm. Nur die Mutter hatte scheinbar nichts damit zu tun. Sie kehrte den dreien den Rücken zu. Im nächsten Schritt wurde eine Fehlgeburt (fünfter Monat) der Mutter, die erste ihrer drei Schwangerschaften, dazugestellt. Da Elke die Phantasie hatte, dieses Geschwister könnte ein Junge sein, wurde ein männliches Symbol ausgewählt.

Als Elke auf das Symbol für den toten Bruder ging, schwankte sie sehr: »Auf diesem Platz kann ich es kaum aushalten. Ich schwanke extrem«, rief sie aus. Wenn man sich auf einem Symbol für ein verstorbenes Kind so unwohl fühlt, ist davon auszugehen, dass dieses Kind keinen Platz in der Familie gefunden hat. Auf

214

Nachfrage bestätigte Elke, dass sie sich selbst immer als Erstgeborene betrachtet hat. Der Erstgeborene ist aber die Fehlgeburt!

Im weiteren Verlauf wurde deutlich, dass die Mutter den Tod des Kindes nicht verkraftet hatte. Sie wollte ihm nachfolgen, und die Kinder, besonders Elke, litten für sie mit.

Die Lösung besteht in einem solchen Fall darin, dem verstorbenen Kind seinen rechtmäßigen Platz zu geben und die Trauer um seinen Tod zuzulassen. Bewegt sagte Elke zur Mutter: »Mama, sein Tod muss schlimm für dich und Papa gewesen sein.« In einer Reihe von imaginativen Übungen bat ich sie, sich vorzustellen, wie die Eltern beide das Kind in den Arm nahmen und von ihm Abschied nahmen. Am Ende sagte sie ihrem Vater und ihrer Mutter: »Ich bin die Zweite, unser Bruder ist der Erste.«

Am wichtigsten für Elke war jedoch die direkte Kontaktaufnahme mit dem toten Geschwister. Sie sagte ihm, wie gerne sie mit ihm aufgewachsen wäre. Anschließend legte sie ihre Hand auf die Herzgegend und nahm ihn mit jedem Atemzug ein Stück mehr in ihr Leben: »Dir zur Freude lasse ich es mir jetzt gut gehen!« Danach konnte sie auf dem Symbol des toten Bruders feststellen, wie freundlich er auf sie und die anderen Familienmitglieder blickte und wie stabil er jetzt im Vergleich zum Anfang der Aufstellung stand.

Wenn in der Geschwisterreihe jemand früh gestorben

ist, trauen sich die Lebenden oft nicht, ihr Leben ganz im Angesicht des toten Geschwisters zu nehmen. Sie glauben, der früh Verstorbene hätte ein schlimmeres Los gehabt als sie selber.

»Das Rumpelstilzchen«: Totgeschwiegen

Zusammenfassung des Märchens

Ein armer Müller hatte eine schöne Tochter. Als der Müller einmal mit dem König ins Gespräch kam, prahlte er, seine Tochter könne Stroh zu Gold spinnen. Der König bestand darauf, die Tochter solle gleich am nächsten Tag ins Schloss gebracht werden. Dort sperrte der König sie in eine Kammer mit Stroh und befahl ihr, Gold zu spinnen. Wenn sie es nicht könne, müsse sie sterben.

Die arme Tochter war verzweifelt, denn sie wusste nicht, wie man Stroh in Gold verwandelt. Da ging auf einmal die Tür auf, und ein kleines Männchen trat ein. Im Tausch mit einem Halsband des Mädchens bot das Männlein seine Hilfe an. Am nächsten Morgen freute sich der König über das Gold, doch in seiner Gier ließ er die Müllerstochter in eine noch größere Kammer mit noch mehr Stroh einsperren. Wieder war das Mädchen der Verzweiflung nahe, und wieder bot das Männlein seine Hilfe an. Diesmal erhielt es für seine Arbeit den Ring, den sie am Finger trug.

Der König jedoch wurde immer gieriger und ließ die Müllerstochter in eine noch größere Kammer bringen. Für den Fall, dass ihr auch diesmal die Verwandlung glücken sollte, versprach er ihr die Heirat. Auch zum dritten Mal erschien das Männlein. Da sie keine Gegenleistung mehr bieten konnte, musste sie ihm in ihrer Not ihr erstes Kind versprechen.

Schließlich heiratete die Müllerstochter den König. Nach einem Jahr wurde sie von einem schönen Kind entbunden. Sie hatte das Männlein schon vergessen, da stand es plötzlich in der Tür und forderte das Kind. Die Königin jammerte und weinte, und tatsächlich gewährte das Männlein einen Aufschub: »Drei Tage will ich dir Zeit lassen, wenn du bis dahin meinen Namen weißt, so sollst du dein Kind behalten.«

Die Königin schickte einen Boten ins Land, um möglichst viele Namen zu kennen. Als am ersten Tag das Männlein kam, war die Königin nicht in der Lage, den richtigen Namen zu raten. Genauso geschah es am zweiten Tag. Am dritten Tag jedoch kam der Bote, der ins Land geschickt worden war, zur Königin. Er meldete, er habe im Wald ein kleines Männlein um ein Feuer springen sehen. Das Männlein hüpfte auf einem Bein und schrie: »Ach, wie gut, dass niemand weiß, dass ich ›Rumpelstilzchen‹ heiß!«

Als das Männlein kurz darauf eintrat, sagte sie ihm, es heiße Rumpelstilzchen. »Das hat dir der Teufel gesagt!«, fluchte Rumpelstilzchen und stieß vor Zorn den rechten Fuß so tief in die Erde, dass es bis an den Leib hineinfuhr. Dann packte es in seiner Wut den linken Fuß mit beiden Händen und riss sich selbst mitten entzwei.

Thesen zum »Rumpelstilzchen«

Ähnlich wie das Märchen »Rapunzel« ist »Rumpelstilzchen« nach Bert Hellingers Erfahrung die Geschichte von einem weggegebenen Kind: Hier wird das Schicksal geschildert, keine Mutter zu haben und vom Vater fortgegeben worden zu sein. In der nächsten Generation macht dann oft die Tochter dasselbe mit ihrem Sohn. Wenn jemand dieses Märchen angibt, kann man ihn fragen, ob er oder ein anderes Kind in der Familie weggegeben worden ist. Oft zeigt sich dann, dass er sich fühlt wie ebendieses Kind.

Diese Betrachtungsweise des Märchens geht vor allem auf den Beginn ein: Ein Vater gibt seine Tochter weg. Doch die Figur des Rumpelstilzchens hat ebenfalls ihre Bedeutung. Das Rumpelstilzchen ist ein kleines Wesen, das uns unheimlich vorkommt und das Angst auslöst.

Es lässt sich feststellen, dass bei vielen Betroffenen, die dieses Märchen angeben, Abtreibungen, Fehlgeburten, Totgeburten und missgebildete Kinder in der Gegenwartsfamilie und/oder im Stammbaum auffallen. Die in den Fallgeschichten beschriebenen Ereignisse werden streng tabuisiert. Zuweilen sind sie mit tatsächlich früheren weggegebenen Kindern im Stammbaum verbunden, zuweilen finden sich auch keine. Auf die Frage, wo es in der Familie solche »weggegebenen« Kinder gegeben habe, antworten auffällig viele Frauen, dass sie abgetrieben haben.

Ein Mann, dessen Märchen das »Rumpelstilzchen« war, erzählte einmal folgende Geschichte: Die Mutter seiner Mutter hatte mehrere Schwestern. Diese Schwestern waren eine verschworene Gemeinschaft. Sie trugen schwarze Hüte, lasen »schwarze Messen« und betrieben ihr Geschäft als »Engelmacherinnen«, was bedeutet, dass sie gewerbsmäßig Abtreibungen durchführten. Sie waren als »Hexen« verrufen. Dieser Teil der Familie war stets tabuisiert worden, auch deren schwarz-magischen Praktiken und die womöglich schlimmen Folgen ihrer illegal durchgeführten Abtreibungen wurden geheim gehalten.

Ein in die Fremde weggegebenes Kind, aber auch Fehl- und Totgeburten, Abtreibungen und auch behinderte Kinder stellen ein Tabu dar. Doch darüber hinaus scheint dieses Märchen für manchen, der es als wichtiges Märchen nennt, noch in einer anderen Weise mit einem Tabu verknüpft zu sein.

Das Grauenvolle, das niemand wissen darf, kommt besonders in der Geschichte von Walter (siehe unten) zum Vorschein. Für ihn war als Kind das »Ach, wie gut, dass niemand weiß« zu einem wichtigen geflügelten Wort in der Familie geworden, das mit der tabuisierten beruflichen Tätigkeit des Vaters in einem NS-Rüstungsbetrieb zusammenhing. Man muss sich immer wieder klarmachen, dass es keine strikten Regeln in der Sichtweise von Märchen gibt. Stets gilt es, daran zu denken, dass auch ein bestimmter Ausruf oder ein spezielles Bild darin zuweilen einen Schlüsselreiz verkörpern kann, der das Unbewusste des Kindes angesprochen hat und den innigen Bezug zu diesem einen Satz oder dieser einen Szene herstellt. Damit löst sich der Satz vom Gesamtmärchen und erhält seine eigene Bedeutung.

Bei diesem allgemeineren Tabu des Rumpelstilzchenmärchens, das niemand erfahren soll, kann es auch um nationalsozialistische Verstrickung, psychische Krankheit, zum Beispiel Psychosen, oder auch ein anderes Tabu gehen.

Lebensgeschichten zum »Rumpelstilzchen«

Alexandra

Alexandra fühlte sich oft depressiv und hatte schon mehrere Ehen, langjährige Beziehungen mit Männern und vier Abtreibungen hinter sich. Das »Rumpelstilzchen« begleitete sie im Alltag – oft, wenn sie etwas »Verbotenes« tat, sprach sie vor sich hin: »Ach, wie gut, dass niemand weiß ...« Auf meine Frage, ob in ihrem Familiensystem ein weggegebenes Kind vorkomme, erzählte sie von ihrer Großmutter. Die Mutter der Mutter hatte ihr letztes Kind, eine Tochter, mit einem anderen Mann gezeugt. Der Vater des Kindes hatte keinerlei Interesse, seine Tochter zu sehen. Auch später wollte er sie nicht kennen lernen, obwohl die Großmutter ihn dazu aufgefordert hatte. Dieses Kind musste ohne Vater aufwachsen. Für diese Tante empfand Alexandra offenkundig ein großes Mitgefühl, denn sie war bewegt, als sie von ihr sprach.

Alexandra sagte im Gespräch: »Ich bin wie meine Großmutter. Über viele Jahre wuchs ich bei ihr auf, und immer habe ich mich ihr sehr wesensverwandt gefühlt. Das Kuckuckskind aufzuziehen muss sehr schwer für sie gewesen sein.«

Nach Bert Hellingers Erfahrung gibt hier als Folge davon, dass ein Mann im System seine Tochter weggegeben hat, oft später eine Frau einen Sohn fort. In diesem Fall ist erwähnenswert, dass Alexandra in Bezug auf ihre vier Abtreibungen wörtlich von ihren vier Söhnen sprach, die sie »weggegeben« habe. Für sie stand fest, dass diese vier Kinder Jungen sind und keine Mädchen, obwohl dies natürlich nicht erwiesen ist.

In einer Aufstellung mit Symbolen würdigte Alexandra jene Tante, die ohne Vater aufwachsen musste. Später nahm sie auch in der Realität Kontakt zu ihr auf. Am wichtigsten für Alexandra war jedoch der Gang zu jedem einzelnen ihrer abgetriebenen Kindern.

Indem sie zur Schuld stand und ihnen anschließend sagte: »Euch zur Freude tue ich etwas Gutes«, strömte ihr Kraft zu. Unbeschwert kann das Leben nach vier Abtreibungen allerdings nicht mehr sein.

Sandra

Sandra hatte immer Angst, sich zu blamieren oder bloßgestellt zu werden. Sie erzählte, dass ihre Mutter fünfunddreißig Jahre in dem Glauben aufgewachsen war, ihr Stiefvater sei ihr richtiger Vater. Erst zu dieser Zeit erfuhr die Mutter, dass Sandras Großmutter im Krieg mit einem feindlichen Soldaten befreundet war. Als der Soldat kriegsbedingt verschwunden war, stellte sie fest, dass sie ein Kind erwartete. Trotzdem entschloss sie sich, das Kind (Sandras Mutter) nicht abzutreiben, sondern es auszutragen. Ihre Eltern, Sandras Urgroßeltern, waren über das Vorgefallene bestürzt und empfanden es als fürchterliche Schande. Damit niemand davon erfahren sollte, wurde sie auf die Schnelle mit einem anderen Mann verheiratet. Der Ehemann wusste, dass das Kind nicht von ihm war, stimmte aber allem zu.

Das »Ach, wie gut, dass niemand weiß« aus dem Märchen bezieht sich hier auf das Tabu einer »verbotenen«, gefährlichen Liebe. Sandras Angst, sich zu blamieren, war die lebenslange Angst der Großmutter, dass die »Schande« ihrer Liebe mit einem Feind entdeckt würde. Indem Sandra den Schmerz der Mutter um ihren nie gekannten leiblichen Vater und auch die Großmutter achtete, ging es ihr besser.

Die Aufstellung in der Gruppe förderte zusätzlich noch ein zweites Tabu zutage: Die Großmutter und ihren Ehemann, Sandras Stiefopa, muss etwas Schlimmes verbunden haben. Allen Beteiligten in der Aufstellung ging es körperlich sehr schlecht, als sie auf die beiden schauten. Es lag etwas Grauenhaftes in der Luft, das die beiden verband. Nach so langer Zeit war es für Sandra aber nicht mehr möglich, die Hintergründe aufzuhellen. Alle, die etwas hätten wissen können, waren schon tot. Im Aufstellungsbild kehrte erst Frieden ein, als die Großmutter und der Stiefopa sich mit ihrem Geheimnis von der Familie entfernten. Sandras guter Platz war zwischen ihren Geschwistern an des Vaters Seite. Von dieser Position war ein guter Kontakt zur Mutter möglich.

Der Vollständigkeit halber sei nachgetragen, dass im Stammbaum kein weiteres Kind ohne leiblichen Elternteil aufwuchs oder weggegeben worden war, es sei denn, es bezieht sich auf das nicht gelüftete Geheimnis zwischen den Großeltern.

Raffaela

Im einunddreißigsten Lebensjahr brach bei Raffaela eine Psychose aus, heute ist sie über fünfzig Jahre alt. Sie ist das älteste von drei lebenden Kindern; das jüngste Geschwister war eine Fehlgeburt. In der väterlichen Familie wiegt schwer, dass ein Bruder des Vaters jung im Krieg gestorben ist und eine Schwester manisch-depressiv war. Diese Tante lebte einen großen Teil ihres Lebens in der Psychiatrie. Die Krankheit der Tante war tabu und wurde im Familienkreis nicht erwähnt. Auf Befragen räumte Raffaela ein, es sei möglich, dass diese Tante als Kind weggegeben worden sei. Geklärt werden konnte dies jedoch nicht.

Raffaela hatte später jedoch ihren Sohn zeitweise weggeben müssen. Da sie von ihrem Mann geschieden war und sich psychisch zu krank fühlte, brachte sie ihn schweren Herzens in einem Kinderheim unter. Trotz all des Schlimmen, das man in der Psychiatrie erleben kann, hatte Raffaela auch positive Erfahrungen gemacht. Bei ihren Aufenthalten dort entwickelte sie ein kreatives Potenzial. Sie dichtete und komponierte Lieder. Außerdem entwickelte sie bis ins Detail einen Plan für Kinderhorte in der Dritten Welt. Vom Bau bis zur Finanzierung entwarf sie ein ausgeklügeltes Konzept, das sogar die Anerkennung von Experten fand. Stolz brachte sie einmal einen Zeitungsartikel mit, in dem ihr Projekt vorgestellt worden war.

Aus einer Reihe von Gründen war eine Familienaufstellung in der Gruppe nicht möglich. In behutsamer Symbolarbeit ergab sich Folgendes: Raffaela fühlte sich mit dem im Krieg gefallenen Onkel verbunden, doch insbesondere fühlte sie sich der tabuisierten manisch depressiven Tante nahe. Raffaela hatte noch

Fotos von den beiden Verwandten und stellte sie auf ihr Nachttischchen. Sie kam insbesondere mit der Tante in einen inneren Kontakt. Wie sie später einmal erzählte, konnte sie es auch genau spüren, dass ein Teil ihrer Krankheit ein Erinnern an das Schicksal der Tante war. Als sie auf dem Symbol der Tante stand, hörte sie in der betreffenden Sitzung innerlich, wie diese zu ihr sagte: »Ja, du hast mit deinem Leiden an mich erinnert.« Während der weiteren Symbolarbeit war sie besonders berührt, als sie der Tante ihren Sohn zeigte, der durch die Krankheit Raffaelas lange Zeit auf sie als Mutter verzichten musste.

Trotz eines kurzen Rückfalls nach einigen Monaten war Raffaela anschließend zum ersten Mal seit vielen Jahren wieder in der Lage, allein eine Wohnung zu beziehen. Bis dahin wurde sie von Verwandten versorgt, da ihre psychische Krankheit ein selbständiges Leben verhindert hatte.

Robert (aus einem Gespräch)

Wiederkehrende aggressive Entladungen und Depressionen waren der Grund für Robert, therapeutische Unterstützung zu suchen. Sein Vater war ermordet worden. Einer von Roberts Brüdern kam behindert zur Welt. Während der Schwangerschaft hatte die Mutter mehrmals erfolglos versucht, dieses Kind abzutreiben. Da Robert kein Interesse an Familienaufstellungen hatte, sondern nach bestimmten anderen therapeutischen Konzepten arbeiten wollte, wurde er an einen Kollegen verwiesen.

Immer wieder kommen in den Familiengeschichten, die man zum »Rumpelstilzchen« erfährt, abgetriebene oder behinderte Kinder zur Sprache – so auch hier.

Valerie

Valerie fühlte sich schon seit Jahren wie »scheintot«. Vor langer Zeit hatte sie ein Kind abgetrieben, weil die Ärzte ihr sagten, dass es aller Wahrscheinlichkeit behindert sei. Valeries Mann war gegen die Abtreibung. Er wollte es drauf ankommen lassen, doch Valerie setzte sich durch. Die nächste Schwangerschaft war eine Totgeburt. Es lässt sich des Öfteren die Beobachtung machen, dass auf eine Abtreibung Fehl- oder Totgeburten folgen. Es scheint zuweilen, als ob sich die Frau nicht mehr erlaube, eine normale Geburt zu haben. Aus den nächsten beiden Schwangerschaften resultieren zwei gesunde Kinder.

In einer Aufstellung mit Symbolen wurde deutlich, dass die lebenden Kinder mit dem abgetriebenen Kind und der Totgeburt mitfühlten. Beiden Kindern ging es sehr schlecht. Ebenfalls schlecht ging es dem mutmaßlich behinderten und abgetriebenen Kind: Es konnte nur zum Vater hinschauen; wenn es zu Valerie blickte, wurde ihm schwindlig. Zum Kind gewandt, konnte Valerie nach einiger Zeit endlich sagen: »Ich wollte

kein missgebildetes Kind. Deswegen ließ ich dich ab-
treiben. Ich trage die Verantwortung dafür. Im Angesicht meiner Schuld tue ich etwas Gutes im Leben.«
Diese Sätze haben in der Folge die lebenden Kinder
entlastet.

Zu einem späteren Zeitpunkt berichtete Valerie, sie
habe Hinweise auf ein Geschwister erhalten, das miss-
gebildet war und bei der Geburt verstarb. Die Eltern
konnten nicht mehr befragt werden, denn sie waren mittlerweile schon tot. In einem solchen Fall gilt
es, über Verwandte und Kirchen- und Familienstamm-
bücher weiterzuforschen.

Yvonne (aus einem Märchenseminar)

Yvonne hatte schon seit ihrer Jugend Depressionen.
Sie ist das älteste von vier lebenden Kindern. Nach
dem zweiten Geschwister kam es zu einer Totgeburt.
Es existiert das Gerücht, dass dieses Kind stark behin-
dert war. Nach der Geburt ihres eigenen Kindes, einer
Tochter, die gesund zur Welt kam, hatte sie eine Fehl-
geburt im vierten Monat. Dieses Kind war ebenfalls
stark behindert. Soweit bekannt, wurde niemand im
Stammbaum weggegeben, so dass er außerhalb des
Elternhauses aufwachsen musste.

Leider konnte Yvonne das Gerücht über die Behinde-
rung des toten Geschwisters nie klären. Die Eltern sind
schon tot, und auch ansonsten konnte niemand mehr
Auskünfte geben.

Melanie ist depressiv. Sie ist das älteste von vier Kindern. Eines davon starb bei der Geburt. Melanie hatte einen oft wiederkehrenden Traum, in dem die Totgeburt ein Zwitterkind war. Als Erwachsene hatte Melanie eine Fehlgeburt. Wie die Ärzte ihr sagten, war das Kind völlig missgestaltet. Ein weggegebenes Kind gab es in Melanies Stammbaum nicht.

Walter

Walter hatte schon viele Jahre zahlreiche psychosomatische Symptome. Außerdem litt er unter einem ihn zwanghaft verfolgenden Bild: »Ich muss ins Feuer gehen.«
In seiner Familie gibt es keine Fehlgeburten, tot geborene oder missgestaltete Kinder, und es ist auch niemand weggegeben worden. Wie gesagt kann ein Märchen manchmal für ein Kind nur wegen eines einzelnen bestimmten Bildes oder eines speziellen Ausspruchs wichtig werden. Dies gilt bei Walter für das »Ach, wie gut, dass niemand weiß ...«, das zum geflügelten Wort in der Familie geworden war.
Walters Vater war während des Zweiten Weltkrieges für die Nationalsozialisten in leitender Position in einer Fabrik für Waffen und andere Rüstungsgüter gewesen. Die Mutter wollte des Öfteren Näheres über die Zustände dort und die Art der Arbeit erfahren. Bei

diesen Gelegenheiten weigerte sich der Vater jedoch stets, Auskunft zu geben. Er sagte ihr immer: »Gut, dass du das nicht weißt. Wenn du wüsstest, was dort geschieht, kämst du in ein KZ.« Als während der Aufstellung der Vater diesen Satz zur Mutter sagte, waren alle wie elektrisiert. Eine Lösung für die Familie konnte nur ohne den Vater gefunden werden, denn ihn zog es stark zu dem ebenfalls aufgestellten Rüstungsbetrieb und den Folgen seiner Taten.

Die Annahme, dass die Kinder ihren guten Platz bei der Mutter finden könnten, erwies sich schnell als falsch. Als sie den Kindern sagte: »Bei mir ist euer guter Platz«, konnte man keinerlei Kraft wahrnehmen. Die Kinder widersprachen der Mutter auch. Erst als diese sich neben ihren Mann, den Rüstungsbetrieb und einige ausgewählte Leidtragende stellte, fühlte sie sich wohl. Sie liebte ihren Mann und trug mit ihm zusammen die Folgen seiner Taten. Die Kinder jedoch mussten beide Eltern ziehen lassen. Erst nachdem dies ausgesprochen war, ging es Walter gut.

Ein traumatisches Erlebnis

»Der Eisenhans«: Als ich acht Jahre war ...

Zusammenfassung des Märchens

Ein König hatte einen großen Wald. Alle Jäger, die in diesen Wald gingen, kamen nicht mehr zurück. Auch jene, die sie suchen sollten, wurden nie mehr gesehen. Selbst die Hunde blieben verschwunden. Von nun an lag der Wald in tiefer Stille und Einsamkeit, nur einige Raubvögel kreisten darüber.

Nach längerer Zeit meldete sich beim König ein Jäger, der noch einmal einen Versuch wagen wollte. Der König warnte ihn eindringlich, doch der Jäger ließ sich nicht beirren. Irgendwann kam der Jäger mit seinem Hund zu einem Sumpf, wo es nicht mehr weiterging. Ein nackter Arm streckte sich aus dem Wasser und zog den Hund in die Tiefe. Der Jäger ging zurück und holte Hilfe. Drei Männer halfen ihm, mit Eimern den Sumpf trockenzulegen. Auf dem Grund fanden sie einen nackten wilden Mann, der eine Farbe wie rostiges Eisen hatte und dem die Haare bis zu den Knien gingen.

Der wilde Mann kam vor den König und wurde in einen Käfig gesteckt. Bei Todesstrafe war es verboten, die Käfigtür zu öffnen. Seit diesem Tag konnte man wieder sicher in den Wald gehen. Doch eines Tages ließ der achtjährige Königssohn seinen Ball beim Spielen in den Käfig rollen. Der wilde Mann war zur Herausgabe nur dann bereit, wenn der Junge den Käfigschlüssel unter dem Kopfkissen der Mutter besorgte und ihn freiließ. Da der Junge seinen Ball unbedingt wiederhaben wollte, ging er darauf ein. Als der wilde Mann zum Wald aufbrach, wurde dem Jungen angst vor der Strafe, und er bat ihn, dass er ihn mitnehme. So kam der wilde Mann aus Mitleid wieder zurück, nahm den Jungen auf die Schultern und ging mit ihm in den Wald.

Aus Dankbarkeit versprach der wilde Mann dem Jungen großen Reichtum, wenn er alles befolge, was dieser ihm sage. Am Rande eines Goldbrunnens sollte der Junge sitzen und aufpassen, dass nichts hineinfalle, weil er sonst »verunehrt« sei. Der Junge hielt lange Wacht, doch einmal schmerzte sein Finger, so dass er ihn unwillkürlich ins Wasser steckte. Der Finger war sofort vergoldet, und alle Bemühungen, das Gold abzustreifen, misslangen. Der Eisenhans bemerkte das Missgeschick und mahnte ihn zur Vorsicht. Doch am nächsten Tag fiel dem Jungen ein Haar in den Brunnen, das ebenfalls sofort vergoldet war. Als ihm dies jedoch ein drittes Mal passierte und sogar sein Haupthaar sich vergoldete, konnte der wilde Mann den Jungen nicht mehr bei sich behalten und schickte ihn weg. Da er es jedoch gut mit ihm meinte, gab er ihm einen

Hinweis für Notzeiten. Ginge es dem Jungen schlecht, so solle er einfach in den Wald gehen und den Namen »Eisenhans« rufen, damit er ihm helfe. Der Junge verließ den Wald und wanderte in die Fremde. In einem Schloss fand er Arbeit in der Küche und freundete sich mit der Prinzessin an. Als es Krieg gab, bat der Junge, der König möge ihn als Krieger ausstatten. Doch man lachte ihn aus. Da wandte sich der Junge an den Eisenhans, der ihn aufs Beste mit Pferd und Rüstung versah. Mit der Hilfe des Eisenhans bewährte er sich nicht nur im Krieg, sondern er gewann darüber hinaus die Hand der Prinzessin. Zur Hochzeit kamen auch die Eltern des Jungen, die die Hoffnung, ihn wieder zu sehen, schon aufgegeben hatten. Als alle an der Tafel saßen, ging die Tür auf, und ein stolzer König mit Gefolge hielt Einzug. Es war der Eisenhans, der in einen wilden Mann verwünscht und endlich vom Jungen erlöst worden war.

Thesen zum »Eisenhans«

Trotz des Bestsellers von Robert Bly, das dieses Märchen populär gemacht hat, wurde der »Eisenhans« in den Seminaren fast nie als wichtiges Märchen genannt – nicht einmal als Erwachsenengeschichte. Auf ausführliche Thesen sei hier verzichtet. Dennoch soll eine eindrückliche Geschichte erzählt werden. Jonathans Schicksal zeigt, ähnlich wie das von Walter (siehe das Kapitel über »Rumpelstilzchen«), dass zuweilen bestimmte Details des Märchens die Aufmerksamkeit des Kindes bannen und sich mit biographisch Erlebtem verbinden. Im folgenden Beispiel steht nicht die Verbindung zu Frühergeborenen in der Familie im Vordergrund, sondern eigene Erlebnisse als Kind, die das Märchen für Jonathan erst bedeutsam gemacht haben. Wie in fast allen Märchen wird das Wichtige nicht in den glücklichen Wendungen und dem Happy End, sondern im Leidvollen gefunden. So erzählte Jonathan auch, dass der zweite Teil dieses Märchens ihn als Kind wesentlich weniger beschäftigt hatte als der erste Teil; berührt hatte ihn hingegen das Tabu des Waldes, die große Einsamkeit, der aus dem Wasser ragende nackte Arm und vor allem der Umstand, dass der Junge im Märchen acht Jahre alt war.

Lebensgeschichte zum »Eisenhans«

Jonathan

Jonathan war mit siebzig Jahren der Älteste in einer Aufstellungsgruppe. Bei der ersten Vorstellungsrunde erwähnte er sein Märchen »Eisenhans«. Auf die Frage, was an diesem Märchen für ihn wichtig gewesen war, kamen ihm die Tränen. Er erzählte von dem Wald als verbotener Zone, und dann sagte er: »Da geht im Märchen ein Junge von zu Hause weg in den Wald des Eisenhans. Dieser Junge ist acht Jahre alt.« Seine Stimme versagte, und wieder traten ihm die Tränen in die Augen: »Ich kann jetzt nicht weiterreden.«

Irgendwann im Verlauf des Seminars meldete sich Jonathan. Er spürte, dass die Zeit jetzt für ihn reif war. Wieder sprach er über den Eisenhans: »Dem achtjährigen Jungen fiel beim Spielen die Kugel in den Käfig des Eisenhans. Nachdem er ihn mit dem Schlüssel befreit hatte, ging er mit ihm in den Sumpf – in einen einsamen Wald. Sie waren allein.« Jonathan weinte und erzählte die Geschichte von sich und seinem Bruder:

Jonathan hatte einen drei Jahre älteren Bruder. Sie waren ein »Herz und eine Seele«. »Wir schliefen sogar in einem Bett. Selbst wenn wir uns prügelten, liebten wir uns noch. Wir schlugen uns, denn wir mochten es einfach, wenn sich die Mutter in ihrer typischen Weise über uns aufregte, uns schimpfte. Wir hatten unseren Spaß daran.« Ein scheues Lächeln mischte sich in Jonathans trauriges Gesicht.

Acht Jahre war der Junge im Märchen, als er mit dem Eisenhans in die sumpfigen Wälder ging, und acht Jahre war Jonathan, als er mit seinem Bruder in eine Erdgrube stieg. »Ich war acht Jahre, als es geschah, mein Bruder elf. Zweiundsechzig Jahre ist dieses Ereignis nun her. Doch fast tagtäglich höre und sehe ich diesen Film, so als wäre es gestern gewesen«, schluchzte Jonathan.

Einmal sollten sie für den Garten Erde holen. Es gab eine tiefe Grube, die einsam und verlassen in der Nähe des Waldes lag. Man sagte, dass der Mutterboden dort gut war. Die Brüder hatten sich mit Schaufeln, Eimern und anderem Gerät ausgerüstet und stiegen in ein riesiges Erdloch. Doch sie passten nicht auf und schaufelten Erde von einer gefährlichen Stelle über einem steilen Abhang: da brach über ihnen eine Erdkante ab. Der Bruder wurde von großen Erdmassen verschüttet. In Entsetzen und Panik schaufelte Jonathan, um seinen Bruder zu retten. Hilferufe nutzten nichts, denn sie waren allein, die Grube war weit entfernt von der rettenden Zivilisation. Jonathan hörte anfangs die lauten Schreie seines Bruders. Er rief immer nur: »Jonathan!« Nach und nach wurden die Schreie immer schwächer. Jonathan musste aufgeben. Er holte nun Hilfe, doch sie kam zu spät.

In den folgenden Jahren fragte ihn die Mutter immer wieder: »Nicht wahr, er war doch sofort tot gewesen?« Schluchzend erzählte Jonathan weiter: »Ich habe es ihr nie gesagt, ich habe es ihr nie zugemutet, wie schrecklich es wirklich war.«

Für Jonathan wurde nun nicht die Familie aufgestellt, sondern »nur« der Bruder und er. Sie sahen sich an und waren voller Liebe füreinander. Jonathan kam schnell für den Stellvertreter an den eigenen Platz. Beiden rannen die Tränen von den Wangen. Sie legten sich auf den Boden und hielten sich innig an den Händen. Jonathan sagte: »Wie kann ich mit Freuden leben, wo du tot bist.« Der Bruder lächelte innig: »Ich bin so unendlich froh, dass wir nicht beide gestorben sind und dass du noch lebst. Bitte lebe!« Jonathan erzählte ihm auch, während ein Beben durch seinen Körper ging: »Ich habe der Mutter nie erzählt, dass du noch so lange gerufen hast. Ich habe ihr immer gesagt, dass du sofort tot warst.« Jonathan sprach dies jedoch, ohne dem Bruder in die Augen zu schauen.

Das Wegschauen ist Vermeidung des Schmerzes. Diese wichtigen Sätze müssen jedoch gesagt werden, indem man dem anderen direkt in die Augen blickt, und so sagte Jonathan es noch einmal. Der Bruder strahlte über das ganze Gesicht: »Gut hast du das gemacht! Gut, dass du sie geschont und ihr das erspart hast. – Jetzt ist es schon lange vorbei. Ich bin schon lange tot.« Nun nahm Jonathan im Angesicht des Toten sein Leben, was den Bruder tief entlastete. Zum ersten Mal nach diesem Unfall fühlte sich Jonathan nicht mehr schuldig, dass er noch lebte und der Bruder nicht.

Es sei noch nachgetragen, dass der »Eisenhans« für Jonathan erst nach dem Tod des Bruders wichtig wurde, vor seinem achten Lebensjahr hatte er keinerlei Bezug zu diesem Märchen. Im Stammbaum gibt es keinerlei Ereignisse, die Parallelen zu dem Tod des Bruders aufweisen, es gibt auch, so weit bekannt, keinen Ausgestoßenen oder Verbannten wie den »Eisenhans«. Es kann zwar durchaus sein, dass dieser Unfall mit früheren Ereignissen in der Familie oder auch mit dem Leid eines Elternteils in Verbindung steht, doch hätte eine Suche danach in diesem Falle eher geschadet als genutzt.

Nach der Aufstellung wurden Fragen aus der Gruppe gestellt. Ein Teilnehmer war erstaunt, dass noch nicht einmal die Eltern, vor allem die Mutter, hinzugestellt worden waren. Warum wurde nur Jonathan mit seinem Bruder aufgestellt? Noch bevor etwas dazu gesagt werden konnte, gab Jonathan die Antwort: »Ich war so froh, dass ich nur für mich und meinen Bruder Stellvertreter suchen musste. Das Hinzunehmen meiner Eltern hätte mich nur verwirrt. Das, was hier geschah, war alles, was ich gebraucht habe.«

Ein wichtiges Prinzip der Familienaufstellungen ist die Arbeit mit dem notwendigen Minimum. Was das »Minimum« ist, kann natürlich sehr unterschiedlich sein. Jedenfalls überlastet ein Anspruch auf Vollständigkeit alle Beteiligten und schadet mehr, als es Nutzen bringt. Im Einzelfall gilt es immer, zu prüfen, wie weit man zurückgehen muss und wie viele Informationen gebraucht werden. Man kann es während der Aufstellung an den Reaktionen der Stellvertreter ablesen, doch oft nimmt man es schon im Vorgespräch in der Gruppe an den Körperreaktionen des Gesprächspartners wahr, was gebraucht wird und was nicht.

Nach dem Seminar beschrieb Jonathan in einem Brief, wie die Aufstellung mit dem Bruder gewirkt hatte:

Ich danke für die Erlösung aus einer langen, langen Erstarrung. Um den Dank zu unterstreichen, möchte ich ein paar Gedanken niederschreiben, die mir im Zusammenhang mit dem Geschehen gekommen sind: Ich erlebte mit acht Jahren den Tod. Hautnah, ungeschönt, endgültig und kalt (mein Bruder lag damals auf dem Dorfe bis zur Beerdigung aufgebahrt in unserem Hause; ich wollte ihn berühren und spüre noch heute die entsetzliche Kälte). Ich lebte innerlich erstarrt und habe um ihn nie weinen können, bis zum Tag der Aufstellung. Da hat ›es‹ mich ergriffen, Widerstand war nicht mehr möglich.

Als mein Bruder mit meinem Namen auf den Lippen in die andre Dimension ging, hat er mir an der Grenze ein Geschenk gemacht, das ich kaum beschreiben kann – du wirst es verstehen. Mit diesem Erlebnis war zwar meine Kindheit zu Ende, ich hatte aber unbewusst einen Maßstab erhalten dafür, was wirklich wichtig ist im Leben. Ich wusste seitdem tief innen, wie kostbar das Leben ist und wie zerbrechlich. Das wurde zu einer Kraftquelle, wie ich jetzt deutlich erkenne. Ich konnte mit einer gewissen Zuversicht die düsteren Nazijahre und den Krieg überleben, »denn wer den Tod zum Freunde hat, dem kann's nicht fehlen«.

Ich denke staunend zurück an ein erfülltes und erfolgreiches Berufsleben, an die Kraft, die mich schwere Situationen aushalten und tragen ließ, und an viele Erfahrungen, die mich weiterbrachten, und an »unsinnige« Entscheidungen, die sich als richtig herausstell-

ten. Die Angst, wieder zu versagen und fortzulaufen, wenn ich gefordert bin (was tödliche Folgen hat), war gewiss ein unerbittlicher Motor, aber es wurde viel Gutes daraus für mich und für viele Menschen in Familie und Beruf. In der Zeit, die mir noch bleibt, möchte ich Frieden machen mit allem Unerledigten.

Mein starker, lebenssprühender, zärtlicher Bruder – wenn ich an ihn dachte, musste ich wieder und wieder nur seine entsetzlich verstummende Stimme hören, die mich vergeblich rief.

Und nun bin ich ihm begegnet, und er hat so gute Worte gesagt. Erlösende Worte. Keine Anklage, keine Forderung, nur Liebe, Verstehen. Mein Gefühl, Lebensgefühl jetzt ist kaum zu beschreiben, Dank ist dabei, Staunen über ein Wunder und endlich (!) Friede, und vieles, für das Worte mir zu grob sind.

Danke[31]

Kurz nach diesem Brief fiel Jonathan bei einem Spaziergang in Ohnmacht und wurde in eine Klinik gebracht. Kein Arzt konnte Jonathan erklären, was denn aus medizinischer Sicht zu dieser Ohnmacht geführt hatte. Er schrieb in einem Brief:

Ich wusste von Anfang an: Die Ursache liegt nicht im körperlichen Bereich, sondern das hängt mit dem Erleben bei der Aufstellung zusammen. Das Herz arbeitet

---

[31] Der Abdruck dieses und auch der folgenden Briefe geschieht mit »Jonathans« Zustimmung.

seit meiner Jugend arrhythmisch, das hat mich nie geängstigt. Ich fand immer: Genau das passt zu mir! Mein Herz habe ich nie geschont, und oft, sehr oft hat es alles getragen, was ich ihm aufgepackt habe.
Für mich stimmt es: Seit der Aufstellung ist eben alles ganz anders. Ein Gefängnis ist zerbrochen, an das ich mich fast gewöhnt hatte. Die neue Freiheit hat eine so tief greifende Erschütterung ausgelöst, auf die der Körper reagieren musste. So sehe ich das. Wieder zu Hause, erlebe ich alles, was so zu mir gehört, als neu geschenkt, staunend über die Fülle und zutiefst dankbar. Das sind sehr dürre Worte, finde ich, aber ich wollte doch wenigstens versuchen, mein Erleben und Fühlen zu beschreiben.

Oft wird man als Therapeut in Seminaren gefragt, ob denn eine solche Aufstellung auch auf die anderen Familienmitglieder eine Wirkung hat. Einige Zeit nach dem obigen Brief schrieb mir Jonathan ein letztes Mal (die Hervorhebungen stammen von »Jonathan« selbst):

Ich möchte dir mitteilen, dass die Entwicklung und Erlösung, die bei der Familienaufstellung begann, noch viel weiter ging.
Seit reichlich zehn Jahren hatte meine Frau ein schweres Asthma, durch das sie vorzeitig ihren Beruf aufgeben musste. Der Verlauf dieser Krankheit war außerordentlich quälend und verschlimmerte sich zunehmend.

Ich hatte mich schließlich damit abgefunden, dass Hustenanfälle und Röcheln mich unüberhörbar begleiten würden, ständig. Natürlich berührte es mich immer schmerzlich, meine Frau so leiden zu sehen. Daneben hatte ich hilflosen Zorn auf diese Krankheit, besonders als mir klar wurde, dass gerade Erstickungsgeräusche mich immer wieder trafen und verletzten, weil das, wie du weißt, meine wunde Stelle war.

Um diese Zeit, als ich meinen Zusammenbruch hatte [siehe den obigen Brief], war meine Frau in einem Fachkrankenhaus, weil es ihr so schlecht ging, dass sie Hilfe suchte. Sie kam dort in gute Hände und kehrte sehr gebessert heim. Parallel dazu hatten wir intensive Gespräche über unser beider Vergangenheit, ausgelöst auch durch die Familienaufstellung. Ganz am Anfang meiner Ehe hatte ich Einzelheiten über den Tod meines Bruders erzählt, und nun wurde ganz deutlich, dass Marianne, meine Frau, mein Erleben und die von da herrührende Belastung so schlimm fand, dass sie seitdem versucht hat, mir das innerlich abzunehmen. Ihre eigenen Verletzungen hat sie gar nicht mehr wahrgenommen und empfunden, obwohl auch sie Schlimmes hat erleben müssen. Wir haben begriffen, dass jeder für sich seine Entwicklung machen muss und dass ihr Bemühen, mir mein frühes Leid abzunehmen, wesentlich ihre Krankheit mitverursacht hat.

Ganz anders schaut sie heute ihr eigenes Leid an. Diese Erkenntnis zusammen mit meiner Befreiung haben ein

Wunder bewirkt: Sie ist gesund! Wir staunen immer wieder über diese Tatsache und sind natürlich zutiefst dankbar. Wir erleben eine zufriedene und entspannte Phase, jeder für sich und auch gemeinsam, und wir finden immer mehr heraus, was jetzt *(noch) zu tun ist, zu regeln, zu genießen, zu klären. Staunend und erschüttert auch sehe ich immer mehr Zusammenhänge, auch durch die Generationen hindurch, und die Möglichkeit, vieles zum Frieden zu bringen und heil werden zu lassen ...*

Literatur über Familienaufstellungen nach Bert Hellinger

Döring-Meijer, Heribert: Familienaufstellungen mit Suchtkranken, Paderborn 2000

Franke, Ursula: Systemische Familienaufstellung – Eine Studie zu systemischer Verstrickung und unterbrochener Hinbewegung unter besonderer Berücksichtigung von Angstpatienten, München und Wien 1996

Hellinger, Bert/ten Hövel, Gabriele: Anerkennen, was ist – Gespräche über Verstrickung und Lösung, München 1997

Hellinger, Bert: Der Abschied – Nachkommen von Tätern und Opfer stellen ihre Familie, Heidelberg 1998

Hellinger, Bert: »Einsicht durch Verzicht – Der phänomenologische Erkenntnisweg in der Psychotherapie«, in: Praxis der Systemaufstellung, München, 1/98, S. 16–17

Hellinger, Bert: Familien-Stellen mit Kranken – Dokumentation eines Kurses für Kranke, begleitende Psychotherapeuten und Ärzte, Heidelberg 1995

Hellinger, Bert: Haltet mich, dass ich am Leben bleibe – Lösungen für Adoptierte, Heidelberg 1998

Hellinger, Bert: In der Seele an die Liebe rühren –

Familien-Stellen mit Eltern und Pflegeeltern von behinderten Kindern, Heidelberg 1998

Hellinger, Bert: Mitte und Maß – Kurztherapien, Heidelberg 1999

Hellinger, Bert: Ordnungen der Liebe, Heidelberg 1994

Hellinger, Bert: Religion, Psychotherapie, Seelsorge, München 2000

Hellinger, Bert: Schicksalsbindungen bei Krebs – Ein Kurs für Betroffene, ihre Angehörigen und Therapeuten, Heidelberg, 1997

Hellinger, Bert: Touching Love. Bert Hellinger at Work with Family Systems. Documentation of a Three-Day-Course for Psychotherapists and their Clients, Heidelberg 1997

Hellinger, Bert: Verdichtetes – Sinnsprüche – Kleine Geschichten – Sätze der Kraft, Heidelberg 1995

Hellinger, Bert: Was in Familien krank macht und heilt – Ein Kurs für Betroffene, Heidelberg 2000

Hellinger, Bert: Wo Ohnmacht Frieden stiftet – Familien-Stellen mit Opfern von Trauma, Schicksal und Schuld, Heidelberg 2000

Hellinger, Bert: Wo Schicksal wirkt und Demut heilt – Ein Kurs für Kranke, Heidelberg 1999

Langlotz, Robert (Hg.): Familien-Stellen mit Psychose-Kranken. Beiträge zu systemischen Lösungen nach Bert Hellinger, Heidelberg 1998

Neuhauser, Johannes (Hg.): Wie Liebe gelingt – Die Paartherapie Bert Hellingers, Heidelberg 1999

Prekop, Irina/Hellinger, Bert: Wenn ihr wüsstet, wie ich euch liebe. Wie schwierigen Kindern durch Familien-Stellen und Festhalten geholfen werden kann, München 1998

Schäfer, Thomas: Der Mann, der tausend Jahre alt werden wollte – Märchen über Leben und Tod aus Sicht der systemischen Psychotherapie Bert Hellingers, München 1999

Schäfer, Thomas: Was die Seele krank macht und was sie heilt – Die psychotherapeutische Arbeit Bert Hellingers, München 1998 und 2000

Schneider, Jakob R./Gross, Brigitte: Ach wie gut, dass man es weiß – Märchen und andere Geschichten in der systemisch-phänomenologischen Therapie, Heidelberg 2000

Ulsamer, Bertold: Ohne Wurzeln keine Flügel – Die systemische Therapie von Bert Hellinger, München 1999

Weber, Gunthard (Hg.): Derselbe Wind lässt viele Drachen steigen – Systemische Lösungen im Einklang, Heidelberg 2000

Weber, Gunthard (Hg.): Praxis des Familienstellens – Beiträge zu systemischen Lösungen nach Bert Hellinger, Heidelberg 1998

Weber, Gunthard (Hg.): Praxis der Organisationsaufstellungen, Heidelberg 2000

Weber, Gunthard (Hg.): Zweierlei Glück. Die systemische Psychotherapie Bert Hellingers, Heidelberg 1993

Darüber hinaus sind im Carl-Auer-Verlag noch Audiocassetten, CDs und Videos von Bert Hellinger erhältlich. Insbesondere die Videos ermöglichen einen anschaulichen Zugang zu Familienaufstellungen.

Thomas Schäfer

Was die Seele krank macht und was sie heilt

Die psychotherapeutische Arbeit Bert Hellingers

Kein Psychotherapeut hat in der therapeutischen Szene ein so starkes Echo gefunden wie Bert Hellinger.

Der Heilpraktiker und Psychotherapeut Thomas Schäfer bringt Hellingers Einsichten und Arbeitsweisen einem großen Leserkreis näher: Was sind die familiären Hintergründe schwerer Erkrankungen? Warum entwickeln sich manche Beziehungen von Mann und Frau, von Eltern und Kindern harmonisch, während andere scheitern?

Als das zentrale soziale System und als Verursacher von viel Freud und Leid betrachtet Hellinger die Familie. Darum geht der Autor ausführlich auf die von Hellinger entwickelte Technik des »Familienstellens« ein. Er zeigt, wie krankmachende Dynamiken gelöst werden und die ursprüngliche Liebe wieder fließen kann.

Knaur
MensSana

Kim da Silva
Gesundheit in unseren Händen
Ausgehend von uralten Erkenntnissen der östlichen Heilkunde entwickelte Kim da Silva ein Konzept, wie man heute die sogenannten »Mudras« oder Finger-Reflexzonen im alltäglichen Leben sinnvoll und hilfreich anwenden kann.

Kim da Silva
Meinen Körper in meine Hände nehmen
Mudras sind spezielle Fingerhaltungen, die Selbstheilungsenergie aktivieren. Kim da Silva zeigt, wie sie bei Krankheitssymptomen angewendet werden können, und vermittelt ein Verständnis für die Zusammenhänge körperlicher und seelischer Harmonie.

Kim da Silva / Do-Ri Rydl
Energie durch Bewegung
Die auf jahrelangen Erfahrungen der Autoren basierenden kinesiologischen Übungen eignen sich gleichermaßen für Jung und Alt. Sie sind einfach auszuführen und motivieren dazu, etwas für die eigene Gesundheit zu tun.

Kim da Silva / Do-Ri Rydl
Kinesiologie
Edu-Kinesthetik (Educational Kinesthetik) ist die einzige Form von Kinesiologie, die der Laie anwenden kann. Ohne auf einen Therapeuten angewiesen zu sein, kann man in eigener Verantwortung üben und täglich etwas für sein Wohlbefinden tun.

Ruediger und Margit Dahlke
Die Psychologie des blauen Dunstes
Jedes Krankheitssymptom hat seine Be-Deutung und damit eine Botschaft für den Betroffenen – auch das Rauchen. Die Autoren entwickeln Konzepte, die den unterschiedlichen Rauchertypen den Weg aus der Nikotinsucht, den Rückweg in die Freiheit, sichtbar machen.

Ruediger Dahlke
Gewichtsprobleme
Jeder zweite Deutsche ist übergewichtig. Der Autor erläutert hier die verschiedenen Bedeutungsebenen von Übergewicht und Untergewicht – vom Isolationspanzer bis zum Kummerspeck. Das Buch führt zu einer neuen Haltung gegenüber den eigenen Pfunden.

Ruediger Dahlke
Herz(ens)probleme
Hinter Herzerkrankungsdiagnosen verbergen sich Krankheitsbilder mit einer bestimmten Aussagekraft. Themen wie Rhythmus, Lebenskraft und -spannung, Offenheit und Liebe zeigen die enge Beziehung von Herzenskraft und Herzlichkeit, von Körper und Seele.

Ruediger Dahlke
Verdauungsprobleme
»Mir stinkt's!« Der Volksmund weiß oft mehr über die Bedeutung unseres Magen-Darm-Trakts und seine Funktion für die seelische Befindlichkeit. Aus den Symptomen des Körpers kann man lernen – wenn man es versteht, dessen Botschaften zu entschlüsseln.

Ravi und Carola Roy
Selbstheilung durch Homöopathie
Möglichkeiten medizinischer Selbsthilfe, die für jeden anwendbar sind.
Durch die übersichtliche Anwendung und die jedem Kapitel zugeordne-
ten Symptom-Verzeichnisse ermöglicht das Buch das schnelle Erken-
nen des richtigen Mittels.

Ravi und Carola Roy
Kranke Kinder mit Homöopathie behandeln
Hier finden Eltern, die die körperliche und geistige Entwicklung ihrer
Kinder optimal fördern wollen, einfache und schnelle Hilfe. Anhand
ausgewählter Fallbeschreibungen werden die Möglichkeiten homöopa-
thischer Behandlung anschaulich und realistisch dargestellt.

Knaur
MensSana

L. P. Huijsen
Der Homöopathie-Führer
Übersichtlich nach Organsystemen geordnet, werden Krankheiten und
deren Symptome in alphabetischer Reihenfolge besprochen. Zu jeder
Erkrankung sind die wichtigsten homöopathischen Einzel- und Misch-
mittel genannt sowie die passende Dosierung.

Edward Bach / Jens-Erik Petersen
Heile dich selbst mit den Bach-Blüten
Nach dem Verfahren von Dr. Bach werden primär seelische Zustände
wie Unzufriedenheit, Groll, Aufregung, Angst, Besorgnis etc. behandelt.
Hierzu leitet das vorliegende Buch mit seinen ausführlichen Beschrei-
bungen der Qualitäten der 39 Bach-Blüten an.